오늘
잃어버린 자존감을
찾았습니다

오늘 잃어버린 자존감을 찾았습니다

1판 1쇄 2019년 1월 25일

지 은 이 주현성

발 행 인 주정관
발 행 처 더좋은책
주　　소 경기도 부천시 길주로 1 한국만화영상진흥원 311호
대표전화 032-325-5281
팩시밀리 032-323-5283
출판등록 2011년 11월 25일 (제387-2011-000066호)
홈페이지 www.ebookstory.co.kr
이 메 일 bookstory@naver.com

ISBN 978-89-98015-19-0　03180

※더좋은책은 북스토리(주)의 임프린트입니다.
※잘못된 책은 바꾸어드립니다.

이 도서의 국립중앙도서관 출판시도서목록(CIP)은
서지정보유통지원시스템 홈페이지(http://www.seoji.nl.go.kr)와
국가자료공동목록시스템(http://www.nl.go.kr/kolisnet)에서 이용하실 수 있습니다.
(CIP제어번호 : CIP2018043100)

동시대의 감성과 지성을 담아내는 **북스토리(주)**

북스토리 ｜ 문학, 예술, 만화, 청소년, 어학
북스토리아이 ｜ 유아, 어린이, 학습
북스토리라이프 ｜ 취미, 요리, 건강, 실용
더좋은책 ｜ 교양, 인문, 철학, 사회, 과학

오늘 / 잃어버린 자존감을 찾았습니다

주현성 지음

│온전한 나를 만드는
니체의 자존감 회복 수업│

더좋은책

C O N T E N T S

문제는 이것이다.

우리는 자신을 사랑해야 하고 믿어야 한다는 것을

머리로는 알고 있지만,

실제 삶에서는 그렇지 못하다는 것이다.

쉽게 흔들리는 자존감은
자존감이 아니다

누구나 실수를 한다. '내가 왜 이랬지?' 하고 후회를 하고 비명을 지르기도 한다. 거기까지만 하면 된다. 하지만 너무 많은 사람들이 그 일 하나로 이제껏 가져왔던 자신의 능력들을 부정하거나 자기 비하에 빠지곤 한다.

이성이나 인간관계가 조금만 틀어져도, 작은 키, 못난 외모, 넉넉하지 않은 경제력 등을 내세우며 신세 한탄을 한다. 일이 조금만 틀어져도 모난 성격, 둔감한 센스, 물러터진 대응을 끄집어내며 자신의 성격이나 태도를 비난하기도 한다. 평소 자신감에 차 당당하게 자기 목소리를 잘 내던 사람들조차 조금만 예상밖의 일이 생기면 이런저런 이유를 갖다 붙이며 자기혐오에 빠져들기도 한다.

이러한 사람들은 사실 자기에 대한 신뢰도 확신도 없는 사람들이다. 말 그대로 자존감이 낮은 사람들이다. 자존감이 높은 사람들은 쉽게 낙담하지 않는다. 언제나 자기 자신을 신뢰하기 때문에 일이나 인간관계에 다소 문제가 생겨도 자신을 비난하지 않는다. 그럴 시간에 서둘러 원인을 찾고 대안을 마련한다. 매 순간 자신을 존중하고 스스로에게 솔직하기 때문에 불필요한 희생도 하지 않는다. 남을 탓하거나 원망할 일도 없다. 애써 타인과 비교하지도 않는다. 여기저기 눈치를 살피지도 않는 그들은 언제나 당당하게 자신의 삶을 개척해나간다.

다행히 요즘 그런 자존감의 중요성에 대한 인식이 널리 퍼지고 있고, 그만큼 자존감에 대한 대중적인 관심도 매우 높아졌다. 이제는 많은 사람들이 자존감이야말로 진정으로 나를 사랑하게 하고, 불안과 낙담으로부터 자유롭게 한다는 것을 안다. 하지만 그 사실을 안다는 것만으로 모든 게 저절로 바뀌는 것은 아니다.

문제는 이것이다. 우리는 자신을 사랑해야 하고 믿어야 한다는 것을 머리로는 알고 있지만, 실제 삶에서는 그렇지 못하다는 것이다.

항상 '안 그래야지' '다음엔 안 그럴 거야' 하고 다짐하면서도 여지없이 그대로이다. 나는 변하지 않는다. 자신을 사랑하자고 해서 사랑하는 마음이 저절로 우러나오지는 않기 때문이다. 그 것은 마치 좋아하지도 않는 이성을 만나 당장 진실한 사랑을 불태우라고 하는 것과 같다.

'나를 사랑해야 해' '나를 믿어야 해'라고 아무리 다짐해도 나를 사랑할 수도 믿을 수도 없는 것이다. '나 자신을 믿어야 한다'고, '스스로를 사랑하자'고, '나는 괜찮다'고, 아무리 다독여도 안 된다면, 그럼 도대체 어떻게 해야 한단 말인가.

나는 감히 니체에게서 그 답을 찾으라고 말하고 싶다. 니체의 소중한 말과 글들이 그것에 대한 하나의 해답이 되어줄 거라고 믿는다. 아무리 다독이고 다독여도 힘겨운 날들이 거듭되거나 죽고 싶을 만큼 절망의 순간이 엄습해온다면, 나는 그때야말로 니체를 만나야 할 때라고 말하고 싶다.

니체는 태어나면서부터 유전적으로 물려받은 수많은 질병과 통증, 불면증 등으로 평생을 고통받았다. 여기에 실연과 외로움, 그리고 자신의 모든 것을 건 사상마저 철저히 외면받았다.

하지만 그는 자기 삶을 불평하지도 좌절하지도 않았다. 헤어나올 수 없는 고통의 구렁텅이 속에서 오히려 그는 그것을 이겨내고 승화하는 방법들을 익혔다. 또 그것들을 삶에 대한 통찰과 자신의 새로운 사상에 녹여냈다.

니체는 매 순간 자신을 사랑했고, 매 순간 자신을 믿었다. 수없이 고통받던 순간에도, 모두가 외면했던 순간에도 그는 자신을 사랑하고 아꼈다. 자신의 가혹한 운명조차 사랑했다. 그야말로 탁월한 자존감의 소유자였고, 매 순간 긍정으로 무장한 자존감의 소유자였다.

누군가는 니체의 당돌한 기세와 굳건한 의지를 단순한 고집으로 폄하할지도 모르겠다. 하지만 보라! 마침내 그의 사상이 오늘날 우리가 너무나 당연시하는 세계관이 되어 우리를 지배하고 있지 않은가? 모두가 그를 현대 철학의 아버지라 칭송하고 그의 주옥같은 말들을 수없이 책으로 옮겨내고 있지 않은가? 그는 무한한 긍정, 굳건한 자존감으로 자신의 삶을 재창조하고 세상의 가치들을 새롭게 쓴 승리자다.

이 책에는 니체의 삶과 사상, 그리고 굳건한 자존감을 소유한 그의 탁월한 방법들을 소개해놓았다. 그의 사상의 핵심 키워드인 '초인'은 바로 이런 긍정의 신, 자존감의 최고 고수에게 주어지는 이름이다.

그의 대표작 『차라투스트라는 이렇게 말했다』 또한 우리에게 쉽게 흔들리지 않는 자존감에 이르는 길을 안내하는 안내서이다. 이 모호하기로 이름난 안내서를 좀 더 쉽고 좀 더 생생하게 이해할 수 있도록 돕기 위해, 나는 때때로 로저스 심리학의 이론을 빌려 설명하고자 한다. 심리학자 칼 로저스Carl Ransom Rogers는 니체의 핵심 사상들을 수많은 임상실험을 통해 자신의 심리학 이론으로 거듭나게 했다. 니체의 '힘에의 의지'와 '초인 사상'이 로저스를 통해 실천 방법으로 제시되고, 그 방법이 우리를 쉽고 명확한 자존감 회복의 길로 안내해줄 것이다.

나는 니체와 그의 책에서 굳건한 자존감을 얻는 법, 자기 자신을 사랑하는 법에 대한 많은 힌트를 얻었다. 또 진정한 나로 거듭나고 나답게 살아가는 데 필요한 많은 것을 배웠다. 이런 니체의 소중한 지침들을 나 혼자만 품고 있기엔 너무 가슴이 벅찼기에, 오랫동안 이 책을 준비했다.

여러분이 자존감을 회복하고 삶을 좀 더 알차게 살아가는 데 도움이 되길 바라며, 이 책을 덮는 순간 그토록 모호해 읽는 것조차 고역일 수 있는 『차라투스트라는 이렇게 말했다』를 어렵지 않게 읽어내는 행운도 함께 얻길 바란다.

무엇보다 오늘, 당신이 잃어버린 자존감을 되찾는 첫걸음을 뗀 것을 축하한다.

제1장

고통을
즐기는
가장 발랄한
방법

사람들은 마치 자기 안에서
무수한 다양성을 본 적이 있는 사람처럼
변해버린다.

―『인간적인, 너무나 인간적인』

나 이전에 심리학은
존재하지 않았다

'현대 철학의 아버지'라는 말은 니체를 표현하는 가장 대표적인 수식어다. 니체가 이성을 앞세워 영원한 하나의 진리를 추구해오던 서구의 오랜 전통을 깨부수고, 현대 철학의 포문을 연 선구자로 자리 잡았기 때문이다. 그는 현대의 주 흐름인 실존주의, 포스트모더니즘, 해석학 등에 중요한 원천이 되어주었으며, 하이데거^{Martin Heidegger}에서 푸코^{Michel Paul Foucault}, 데리다^{Jacques Derrida}에 이르는 현대의 쟁쟁한 거장들을 등장시켰다. 들뢰즈^{Gilles Deleuze}는 "현대 철학은 대부분 니체의 덕으로 살아왔고, 여전히 니체의 덕으로 살아가고 있다"고 말하기도 했다.

또 헤르만 헤세^{Hermann Hesse}, 앙드레 지드^{Andre Gide}, 프란츠 카프카^{Franz Kafka} 등 수많은 작가들이 그의 사상을 뒤따랐으며, 그의 다양

한 견해들을 문학작품으로 형상화했다. 니체 또한 수많은 아포리즘과 『차라투스트라는 이렇게 말했다』와 같은 작품을 통해 시인이자 문학가로도 우리에게 잘 알려져 있다. 하지만 그가 심리학자로서 현대의 심리학자들에게 막대한 영향력을 미쳤다는 사실은 잘 알려져 있지 않다. 니체 자신도 스스로를 심리학자라고 열변하고 있는데도 말이다.

도대체 나 이전에는 그 누가 철학자이면서 심리학자일 수 있었단 말인가? 차라리 그들은 심리학자의 반대인 '수준 높은 사기꾼' '이상주의자'에 불과하지 않았던가? 나 이전에는 그 어떤 심리학자도 존재했다고 할 수 없다. 바로 이런 때에 최초의 심리학자라는 것은 오히려 하나의 저주일 수도 있다. 어쨌든 이것은 하나의 운명임에 분명하다. —『이 사람을 보라』

프로이트Sigmund Freud보다 몇 년을 앞서 활동한 니체는 그의 책에서 본능, 무의식, 몸, 억제, 망각 능력, 승화와 같은 프로이트의 주개념들을 이미 다루기도 했다. 그로스Otto Gross는 "프로이트

＊ 루이 코르망, 『깊이의 심리학자 니체』, 김용권 옮김, 어문학사, 1996, 196쪽

의 학설은 니체의 직관들을 과학적으로 적용한 것이다"*라고 단정했으며, 프로이트의 수제자들 역시 니체의 학설에 열을 올리곤 했다. 프로이트의 대표적인 수제자들이 모두 니체의 책을 손에 들고 프로이트 곁을 떠난 것은 결코 우연이 아니다.

얼마 전까지만 해도 대중들에게 선풍적인 인기를 끌었던 아들러Alfred Adler 역시 프로이트의 제자였다. 하지만 그는 '밖으로 발산되지 않는 모든 본능은 안으로 향하게 된다'는 니체의 관점을 가지고 불안증을 설명했고, 니체 사상의 핵심인 '힘에의 의지'를 중심으로 자신의 심리학의 골격을 구축해냈다.

프로이트의 수제자 융Carl Gustav Jung 또한 니체가 『반시대적 고찰』에서 제시한 아폴론적인 예술과 디오니소스적인 예술을 인간의 다양한 성격유형으로 재창출해냈다.

프로이트의 마지막 수제자였던 랑크Otto Rank 역시 크게 다르지 않았다. 삶의 예술적 극복을 내세운 니체의 사상은 예술과 의지를 중시하는 랑크 심리학에 그대로 반영되어 있다.

그리고 우리에게 『죽음의 수용소에서』로 잘 알려진 빅터 프랭클Viktor Frankl 또한 아들러를 통해 니체의 사상을 이어받고 있다. 그는 '왜 살아야 하는지 아는 사람은 모든 방법을 감당해낼 수 있다'는 니체의 말을 통해 강제수용소에서 살아남았고, 이 경험을 살려 삶의 의미를 강조하는 로고테라피를 만들어냈다. 삶을 필연적인 긴장으로 여기는 그의 심리학은 니체의 사상을 기본 전제로 삼았다고 할 수 있다.

이렇게 저명한 현대 심리학의 거장들이 대부분 니체의 그늘 아래 있다는 점은 니체가 가진 심리학의 깊이를 짐작하게 해준다. 그만큼 니체는 앞선 심리학자였다. 또 현대를 살아가는 우리의 삶을 생생하게 그려내는 대변자이자 인생의 조언자이기도 했다.

실제 니체는 『인간적인, 너무나 인간적인』을 필두로 그때까지 잘 드러나지 않았던 인간 내면의 숨겨진 욕구들을 생생하게 파헤쳐 세상에 내놓았으며, 그 심오한 심리학적 통찰로 이성과 언어로만 세워진 과거의 철학을 깨부수어버렸다. 인간의 내면에 대한 그의 냉철한 폭로는 한 사람, 한 사람만의 욕구와 의지를 되돌아보게 했고, 한 개인이 갖는 진정으로 자유로운 삶의 모습이 무엇인지 보여주었다. 또한 그는 그의 글 곳곳에서 자유를 향해 가는 구체적인 방법까지 제시해주었다.

그렇다면 그의 이런 냉철한 성찰들은 어디에서 온 것인가? 어떻게 그토록 시대를 앞서 인간의 심리를 생생하게 파헤치는 통찰이 가능할 수 있었을까? 어떻게 그 숱한 고통 속에서도 결코 흔들리지 않는 긍정의 힘을 획득할 수 있었을까?

물론 그렇게 되기까지는 니체의 방대한 문헌학적 지식과 스승 쇼펜하우어^Arthur Schopenhauer의 영향도 만만치 않았을 것이다. 하지만 우리는 그 해답을 좀 더 근원적인 것에서 찾을 수 있다. 그의 고통스럽고도 가혹한 운명과 그것을 이겨낸 불굴의 자존감에서, 그리고 그런 자존감을 만든 환골탈태의 경험 속에서 말이다.

고통이 주는
선물

니체의 아버지는 타고난 유전병으로 인해 고통스러운 삶을 살다가 36세에 짧은 생을 마감했다.

니체 역시 유전병의 저주로부터 자유롭지 못했다. 10대 초기의 어린 나이부터 고통이 시작됐다. 뼈 마디마디가 떨어져 나갈 것 같고, 핏줄이 바싹바싹 타들어가는 것 같은 통증들이 따라다녔다. 눈은 당장이라도 장님이 되어버릴 것 같은 고통을 동반했고 머릿속을 후벼 파는 듯한 두통도 잇따랐다.

위는 수시로 요동쳤다. 내장이 통째로 쏟아져 나올 것 같은 구토도 반복됐다. 몇 날, 며칠을 제대로 자지 못해 정신은 새하얗게 상기되고, 기력이란 기력은 모두 증발되는 것 같았다. 몸뚱이는 앙상해질 대로 앙상해져 갔다. 이것이 니체의 하루하루였다.

니체의 고통스러운 심경은 그가 친구에게 보낸 편지에도 잘 드러난다.

"내 상태는 그 어떤 때보다 끔찍하고 걱정스럽다네. 나는 내가 지난 4주를 어떻게 보내고 살아남았는지 이해가 안 될 지경이네."

"어떤 날에는 밤이 지나면 더 이상 살아 있을 것 같지 않은 생각도 들었다네."

"죽는 게 낫다!"

유전적 형벌은 육체적 고통으로만 끝나지 않았다. 유전이기에 어떤 수를 써도 벗어날 수 없다는 그 사실이 그를 절망감으로 몰아갔다. 명을 다하지 못한 아버지의 기억은 고통이 올 때마다 죽음의 공포로 변했다. 그리고 급기야 1879년, 이틀에 한 번씩 한 해에 188번의 고통이 반복되자, 한때 천재 문헌학자로서 이름을 날렸던 그는 교수직조차 포기해야 했다.

니체는 끝없이 이어지는 고통 속에서도 하루하루 자신만의 사상을 정초해나갔다. 하지만 그를 기다리는 것은 또 다른 시련뿐이었다. 책이 출판되자 학계로부터 온갖 야유와 비판이 쏟아졌고 대중들은 철저히 그를 배척했다. 끝없는 외면과 무시 속에서 결국 자비 출판으로나마 자신의 사상을 알려야 했던 그는, 뒤따른 실연과 고독, 그리고 말년에 찾아온 10년 동안의 정신착란 속에서 생을 마감해야 했다.

그러나 니체는 그 숱한 고통 속에서도 끝까지 포기하지 않았고 이겨냈으며, 다가오고 있던 '현대'라는 시대를 자신의 생각으로 물들여버렸다. 세상을 바꾸는 망치가 되어 역사 속에 우뚝 섰으며, 개인의 생각, 개인의 가치, 위조된 도덕 등 오늘날 당연시되는 수많은 생각들과 감성들의 기원이 되어버렸다.

그렇다면 우린 묻지 않을 수 없다. 어떻게 니체는 그 숱한 고통을 이겨낼 수 있었는지, 그 경험들이 어떻게 세상을 바꾸는 철학이 되고 인간의 내면을 파고드는 심리학이 되었는지, 무엇보다 그 고통을 통해 그가 무엇을 얻었기에 그토록 그는 당당하게 자신의 철학과 믿음을 끝까지 지켜낼 수 있었는지를.

나는 그 대답을 니체의 고통스러운 삶에서 찾았다. 니체는 고통을 통해 너무나 많은 것을 배웠고, 그래서 그것을 마치 자신의 운명이 준 선물처럼 여기고 감사했다.

나의 격심한 병증의 시기에 대해, 그때 얻었던 것들을 여지껏 모두 활용하지도 못한 그 시기에 대해, 내가 충분히 감사를 표하지 않고

작별을 고하지는 않을 것이다. 사람들도 그것을 잘 알 것이다. 또한 변덕스러운 나의 건강 덕에, 나는 모든 거칠고 모난 정신들보다 앞서 있는 것이다. −「즐거운 학문」

우리는 그 고통이 주는 '선물'을 그의 글들, 그의 작품들 속에서 살펴볼 수 있다.

고통은
앎을 증대시킨다

니체는 '지독한 질병'과 '고통'이 많은 변화를 일으킨다고 말한다. 때때로 상상할 수조차 없었던 거대한 변화까지도 말이다. 니체는 심지어 질병과 고통에서 회복기로 돌아오는 기간을 "감동 없이는 회상할 수 없는 중간 상태가 있다"고 말한다. 그렇다면 도대체 어떠한 변화가 잇따르기에 고통을 그리도 감사한단 말인가?

니체는 먼저 일상적인 것과의 단절을 지적한다.

병에 걸려 누워 있는 사람은 깨닫게 된다. 때때로 자신이 자신의 일상적인 직분이나 업무, 또는 교제에서조차도 병에 걸려 있었다는 사실을. 그 때문에 스스로에 대해 깊게 숙고하는 것조차 잊어버리고 있었다는 사실을. 그의 질병으로 인해 강요된 한가함이 이런 지혜를 얻게 만든다. ─『인간적인, 너무나 인간적인』

니체만큼은 아니더라도 크게 병을 앓아본 사람이라면 유사한 경험을 해보았을 것이다. 커다란 고통은 그동안의 모든 흐름을 깨고 자신의 몸과 삶에 집중하는 계기를 만든다. 지속되는 병원 생활 또한 일에 함몰되어 있던 그동안의 생활 패턴으로부터 갑자기 자신을 단절시켜버린다.

우리는 그렇게 자의 반, 타의 반으로 자기를 돌아볼 수 있는 시간을 갖게 되곤 한다. 니체처럼 고약하게 오랜 고통에 시달린다면, 아마 그 단절은 훨씬 더 큰 것이었으리라.

이런 단절은 다른 변화를 불러오기 마련이다. 이제까지와는 다른 관점, 다른 시각으로 세상을 보게 되는 '정신의 변화'가 바로 그것이다.

깊은 고독, 모든 의무와 습관으로부터의 갑작스러운 자유, 이 모든 지적 이점을 제외하더라도, 힘겨운 병의 고통에 시달리는 사람은 섬뜩할 정도로 냉정하게 세계를 바라본다. 그에게서는 건강한 사람의 눈이 보는, 그런 사물을 둘러싸고 있는 하찮고 기만적인 매력

힘겨운 병의 고통에 시달리는 사람은
섬뜩할 정도로 냉정하게 세계를 바라본다.

-「아침놀」

들이 사라져버린다. 아니 그 전에 자기 자신이 솜털도 색깔도 없이 자신 앞에 놓이게 된다. 그가 이제껏 위험한 환상 속에서 살아왔다면, 이렇게 고통을 통해서 최고의 냉철함을 되찾는 것이 그를 환상에서 벗어나게 하는 수단이 될 것이다. 그것도 아마 유일한 수단일 것이다. ―『아침놀』

자신에게 지속되는 극도의 고통은 오직 자신의 몸과 생명에만 집중하게 한다. 그리고 그렇게 함으로써 그동안의 사회적 의무와 관습, 그저 앞다투어 탐했던 다양한 욕망들을 다시 돌아보게 한다. 그것은 마치 이제까지 보고 익힌 모든 것을 전부 걷어내고 새로운 눈으로 세상을 보는 것과 같다.

그렇게 우리가 배워왔던 익숙한 길, 익숙한 가치, 익숙한 방법을 벗어던졌을 때 우리 앞에는 전에 볼 수 없었던 다양한 길, 다양한 가치, 다양한 방법이 열리게 된다.

사람들은 마치 자기 안에서 무수한 다양성을 본 적이 있는 사람처럼 변해버린다. ―『인간적인, 너무나 인간적인』

그렇다. 질병과 고통은 그렇게 우리에게 전혀 새로운 시각을 던지는 기회이며, 새로운 인식을 낚는 낚싯바늘이 된다.

그렇다면 질병이나 고통뿐 아니라, 우리에게 닥친 지독한 시련과 절망 또한 이와 같지 않을까? 감당하기 힘든 시련과 절망 속에서 우리는 부수어질 수도 있지만, 오히려 그동안 보지 못했던 우리의 진실한 욕구와 새로운 눈, 새로운 가치를 발견할 수도 있다. 물론, 그렇다고 우리에게 고통과 시련이 반드시 수반되어야 한다고 말하고 싶지는 않다. 다행히 우리는 니체의 다양한 조언이나 로저스 심리학의 도움을 통해 고통 없이 그러한 것들을 발견할 수 있기 때문이다.

다시 태어나는
몸

무엇보다 지독한 고통, 지독한 역경이 만들어내는 가장 값진 선물은 감각 자체의 변화일 것이다. 그것은 단순한 사고방식을 뛰어넘는 것이다. 그것은 몸이 바뀌는 것이고, 몸이 바뀌면 의도적으로 생각을 전환하거나 의지를 불태우지 않아도 모든 것이 저절로 바뀌게 되는 것이다. 바로 이것이 중요하다.

끝으로 가장 중요한 말을 하겠다. 그러한 지옥으로부터, 극심한 질병과 심각한 회의적 병으로부터 회복되면서 사람은 새로 태어난다. 낡은 껍질은 벗게 되고, 더욱 민감해진다. 더욱 악의적으로 되고, 기쁨에 대해서는 더욱 세련된 취향을 갖게 된다. 좋은 것들

에 대해서는 좀 더 섬세한 혀를 갖되, 좀 더 쾌활해진 감각과 기쁨
안에서 이제 보다 위험한 두 번째의 순진함을 갖게 된다. 더 천진
난만해지고 백배나 더 영리해진 사람으로 다시 태어나게 되는 것
이다. —『즐거운 학문』

예를 들어 표범이 나무늘보가 되었다고 상상해보라. 그는 더
이상 달리고 싶지 않을 것이다. 또 남자가 여자가 되었다고 상
상해보라. 그러면 그는 본능적으로 더 이상 여자에게 끌리지 않
을 것이다. 이렇게 몸이 바뀐다면 생각이나 의지만으로 바꿀 수
없는 것이 바뀌고, 세상을 느끼는 모든 방식이 바뀌게 된다. 그
야말로 '환골탈태'를 하는 것이다.

그렇다면 위에서 말하는 '두 번째 순진함'이란 무엇인가? 그것
은 나고 자라면서 배우고 익힌 관습과 통념, 습관과 편견을 벗어
던진 것이다. 원래 몸이 가지고 있던 오염되지 않은 순수한 감각
과 반응을 회복하는 것이다. 그렇게 새로운 감각과 반응으로 다
시 태어나기에 막 태어난 아이처럼 천진난만해지는 것이다.

그는 이제서야 자신의 주위에 대해 처음으로 눈을 뜬 것 같은 기
분에 휩싸인다. 그는 놀란 채 숨죽이고 앉아 있다. 도대체 자신은

어디에 있었던 것인가? 이 가장 친근하고 가까운 사물들, 그 사물들이 이제 얼마나 달라 보이는가! 그것들은 그 사이에 어떤 솜털과 매력을 얻은 것인가! 그는 감사하며 돌아본다. (…) 그는 자신을 잊고 있었다. 그것은 의심할 수 없는 사실이다. 이제서야 그는 자기 자신을 바라본다. – 그때 그는 거기서 엄청나게 놀라운 것을 발견한다! 아! 미지의 전율 (…) 고통에 휩싸여 조용히 앉아 인내심을 키우는 것과 햇빛 아래 누워 있는 것이 얼마나 유쾌한 일인가! 누가 이러한 겨울의 행복과 벽에 드리워진 햇빛의 얼룩을 그토록 잘 알 수 있겠는가! 삶을 향해 몸을 다시 반쯤 돌린 이 회복기에 있는 자여. (…) –『인간적인, 너무나 인간적인』

그것은 큰 기쁨이고, 환희다. 이때 니체의 깨달음은 마치 수도승이 오랜 수련 끝에 마침내 알게 된 환희의 경지를 떠올리게 한다. 일상을 평범하게 살아가는 우리가 그것이 어떤 것인지를 가늠하기는 쉽지 않다. 단지 아주 지독하게 앓아본 일을 떠올려 보면 어떨까?

며칠을 아주 심하게 아파본 사람들은 안다. 매 순간 지독한 통증과 힘겨운 숨 넘김에 헐떡이다 보면, 단지 아프지 않고 자연스럽게 숨 쉬고 있는 순간순간이 얼마나 큰 기쁨과 평온함을 주는지, 밥 한술 뜨지 못하다 제대로 삼키는 밥 한술이 또 얼마나 달콤한지, 지옥 같던 침상을 걷어차고 나와 걷는 한 발 한 발은 또 얼마나 경쾌한 즐거움인지, 그런 자신을 내리쬐고 있는 햇살은 또 왜 그리 아름답고 따사로운지⋯⋯. 니체나 수도승은 이와 상응하는 아니, 그 이상의 감격과 변화된 감각을 경험하지 않았을까?

그렇다. 지독한 고통이 가져오는 몸의 변화는 단순히 '추상적인 의지'나 '희망사항'이 아니라, 느낌 자체가 변하는 것이다. 들뜬 마음이나 비장한 각오가 만들어내는 '과장된 의지'나 '허언'이 아니라 온몸으로 느끼고 발현되는 감정이다. 니체가 추구한 초인 또한 그렇게 전혀 다르게 세상을 느끼고, 만끽하고, 즐거워하는 사람이다. 그래서 초인은 그저 존재하는 것만으로도 기쁨과 긍지를 느끼는 자를 말한다. 오랜 병고나 고통에서 시달리다가 다시 회복된 자의 즐거움처럼 말이다. 그러니 니체가 다른 사람들이 갖는 속물적인 즐거움을 하찮게 여길 수 있었던 것은 어쩌면 너무나 당연한 것이 아니었을까?

고통은
허무주의를 치유한다

지독한 고통은 생각을 바꾸고 감각을 바꾼다. 감각이 변하고 몸이 변하면 삶을 대하는 태도 또한 근원적으로 변한다. 일거수일투족, 일상의 모든 것들이 전혀 다른 느낌으로 다가오기 때문에 삶을 느끼는 방식 또한 달라질 수밖에 없는 것이다. 그러면 세상에 대한, 자기 삶에 대한 판단 기준 또한 완전히 바뀐다. 아무리 세상을 비관하던 자들도, 아무리 세상을 무의미하게 여겼던 자들도 이제 다른 눈으로 세상을 바라보고, 다른 느낌으로 세상을 느끼기 시작한다. 그래서 니체는 자신에게 길게 드리워진 염세주의조차 이 고통의 시기에 멈추었다고 말한다.

나는 나 자신과 삶을 새롭게 발견했다. 나는 모든 좋은 것들과 다른 사람들이 쉽사리 맛볼 수 없는 사소한 것들까지 맛보았다. 나는 내 건강에의 의지와 삶에의 의지를 나의 철학으로 만들어냈다. (…) 다음의 사실을 주목해보라! 내 생명력이 가장 낮았던 그해야말로 내가 염세주의자임을 그만두었던 바로 그때이다. 내 안의 자기 재건 본능이 내게서 비참과 낙담이라는 철학을 금지해버렸던 것이다. -『이 사람을 보라』

바뀐 몸은 더 이상 좌절하는 마음이나 비참한 생각에 호응하지 않는다. 우리가 가진 본능은 살고 싶어하고 그 생명력을 생생하게 꽃피우고 싶어하기 때문이다.

바뀐 몸은 자신에게 좋은 것만을 원하고 또 받아들이고자 한다. 더 이상 우울한 느낌이나 우울한 감정을 원하지 않는다. 바뀐 자는 더 이상 우울한 삶을 믿지도 받아들이지도 않는 것이다. 아니 우울하게 느낄 수 없게 된 것이라고 해야 더 정확할 것이다.

그렇게 그는 모든 걸 우울하게 몰고 가던 염세주의에서, 모든 걸 기쁨과 유익함으로 몰고 가는 긍정의 신으로 변모해간다.

그렇다면 우리는 근본적으로 어떤 점에서 '우리가 제대로 잘되어 있다'는 것을 알 수 있는가! 제대로 된 인간은 우리의 감각에 좋은 일을 한다는 점! 그의 육체와 정신이 천성적으로 단단하면서도 부드러우며 동시에 좋은 냄새가 난다는 점! 그런 것에서 알 수 있다. 그는 자신에게 유익한 것만을 맛있게 느낀다. 자신에게 유익한 것이라는 경계를 벗어나면 그의 만족감과 기쁨은 정지해버린다. 그는 해로운 것에 대한 치유책을 알아맞힐 수 있다. 그는 우연한 나쁜 경우들을 자기에게 유용한 것으로 만들 수도 있다. 그를 죽이지 못하는 것은 오히려 그를 더욱 강하게 만들 뿐이다. 그는 자기가 보고 듣고 체험한 모든 것들을 본능적으로 한데 모아, 자기만의 합계를 낸다. 그가 선택의 원칙이고, 그 외에 많은 것을 버려버린다. —「이 사람을 보라」

하루하루 생활 곳곳에서 모든 것을 기쁘게 받아들이고 만끽하기 시작하면, 그 기쁨이 모든 것을 이겨내게 한다. 매 순간 느끼는 기쁨의 환희가 현재의 모든 우울과 역경들을 환희의 모험으로 변모시키기 때문이다.

우리는 이 길고 힘겨운 극기 훈련을 거쳐 다른 사람이 된다. (…)

저 X에 대한 기쁨이 너무나 커서 이제 그 기쁨이 문제의 어려움, 불확실한 모든 위험, 심지어 사랑하는 사람의 질투조차도 열처럼 녹여버린다. 우리는 하나의 새로운 행복을 알게 된 것이다. 「즐거운 학문」

불공평한 삶을
이해하는 법

　　니체는 그렇게 자신의 고통에 당당히 맞서
고통을 이겨내고 승화시켰다. 하지만 누구나 고통을 겪는다고
다 강해지거나 생각지도 못한 선물을 받는 건 아니다. 고통이 선
물이 되기 위해서는 니체가 가졌던 무언가가 필요하다. 고통이
선물이 되기 위해 꼭 없어서는 안 되는 것, 그것은 바로 자신에게
던져진 고통을, 불행을, 불공평을 자신의 삶의 자연스러운 일부
분으로 받아들이는 자세다.

　필연적인 불공평함이 있다는 것을 배우고, 그 불공평이 결코 삶에
　서 분리될 수 없다는 것을 아는 것. ㅡ「인간적인, 너무나 인간적인」

이 사실은 우리가 살아 있는 한 고통은 결코 피할 수 없다는 현실을 직시하는 것이다. 그것이 육체적인 고통이든 정신적인 고통이든, 언제나 우리를 따라다닌다는 사실을 인정하는 것이다. 니체는 이것이 그 누구도 예외일 수 없는 자연의 이치라고 확신하고 온몸으로 받아들였다. 오히려 고통이야말로 살아 있는 증거라고 역설했다. 죽음만이 고통에서 자유롭기 때문에.

그에게 건강한 사람이란 병에 걸려본 사람이다. 병에 걸릴 기회조차 갖지 못한 사람이 아니라 많은 질병을 이겨내 항체를 가진 사람 말이다. 진정으로 건강한 정신 또한 온갖 역경을 이겨내 항체를 가진 정신인 것이다. 그렇기 때문에 그렇게 니체 자신에게 쏟아진 저주 같은 고통들이, 더 이상 신이 내린 불공평한 저주가 아니라 자신을 고양시키고 해방시키는 삶의 필연적인 기회이자 선물이 될 수 있었던 것이다.

연약한 인간을 말살해버리는 외부의 고통이라도 살아남게 된 인간에게는 결국 영양제일 뿐이다. 그래서 살아남은 자들은 결코 고통을 아픔이라 부르지 않는 것이다. -「즐거운 학문」

이렇게 우리는 불공평함을 받아들였을 때에야 비로소 고통과 가혹한 운명을 이겨내는 힘을 얻을 수 있다. 우리가 이 불공평함을 당연한 것으로 여길 때, 오히려 그것은 우리의 힘과 능력을, 우리의 서열을 가늠하는 평가의 장으로 변할 수 있게 되는 것이다. 우리의 힘은 얼마나 많은 고통을 견뎌내고 그것을 자기 것으로 체화해내느냐에 따라 결정되기 때문이다.

> 나는 인간이 가진 의지의 힘을 그것이 얼마나 많은 저항과 고통, 그리고 괴로움을 견뎌낼 수 있느냐와 그것들을 얼마나 자신의 이익으로 바꾸어낼 수 있었느냐로 평가한다. ⌐「권력에의 의지」

이렇게 니체는 가혹하고 불공평한 운명을 당당히 자기 가치의 테스트로 받아들였기 때문에 그 숱한 고통을 다 이겨낼 수 있었고, 자신이 중병을 앓았을 때도 결코 병적이지 않았던 것이다. 이렇듯 불공평을 수용하고 나의 것으로 만들 때, 우리는 모든 불행과 맞서 싸울 용기를 얻을 수 있다.

> 나를 죽게 하지 못하는 것은 오히려 나를 더 강하게 만들 뿐이다. ⌐「우상의 황혼」

물론 불공평함을 이해하고 삶의 일부로 받아들이는 것은 쉽지 않은 일이다. 니체 또한 가혹한 고통에 몰리지 않았다면 엄두도 못 냈을 일일지도 모른다.

하지만 다행히 우리에게는 니체의 수많은 책들과 조언들이 유산으로 남겨져 있다. 그 안에 니체는 자신이 어떻게 불공평함을 받아들일 수 있었는지를, 더 나아가 자신이 고통을 이기고 세상을 이겨낼 수 있었던 다양한 관점들과 방법들을 하나하나 기록해놓았다. 그 대표적 기록이 『차라투스트라는 이렇게 말했다』이다. 그렇기에 우리는 그의 역작 『차라투스트라는 이렇게 말했다』를 읽어볼 필요가 있다. 그 책에 그 모든 선물이 들어 있고, 그것을 이해하는 과정 자체가 그 많은 선물들을 자기 것으로 만들어가는 과정이기 때문이다.

이제 『차라투스트라는 이렇게 말했다』를 만나볼 차례다.

우리는 그 만남에 앞서 영어권 최고의 니체 해석자인 카우프만Walter Kaufmann의 다음과 같은 말을 상기해볼 필요가 있다.

"니체 철학의 심리학적 성격을 간과한다면 니체를 오해할 수밖에 없다."◆

◆ 김정현, 『철학과 마음의 치유 : 니체 심층심리학 철학상담치료』, 책세상, 2013, 454쪽

니체의 글과 작품들이 심리학적인 측면에서의 이해가 필요한
만큼 위의 카우프만의 말을 새기며 『차라투스트라는 이렇게 말
했다』를 이해하는 첫발을 디뎌보자.

제2장

어제까지
나를
지배하던
것들

나는 그대에게 요구한다!
튼튼한 이와 튼튼한 위장을.
내 책을 견뎌낸다면,
그대는 나와도 친하게 될 것이다.

─「즐거운 학문」

도대체 나는
누구의 삶을 살고 있는가

우리는 너, 나 할 것 없이 행복을 위해 열심히 달려왔다. 좋은 대학을 가기 위해, 좋은 직장에 취업하기 위해, 화목한 가정을 꾸리고 원만한 대인관계를 유지하기 위해.

하지만 묻고 싶다. 정말 원하는 것을 찾아 원하는 것을 택해서 그 길을 걸어온 것인가? 단지 명문대라는 이유로, 단순히 서울에 있는 대학이라는 이유로, 점수에 맞는 학과라는 이유로 전공을 선택하고 자신의 미래로 삼지는 않았는가?

심지어 누군가는 의사 집안이라는 이유로 의대를 가고, 법률가 집안이라는 이유로 법대의 문을 두드린다. 어떤 이들은 집안의 유일한 희망이라는 이유로 원치 않는 고시 공부로 세월을 허비하곤 한다. 또 어떤 이들은 단지 장남이나 장녀라는 이유로

집안일을 도맡아하기도 한다.

이제 더 이상 유교 국가는 아닌 것 같은데, 입신양명이라는 유교적 가르침은 여전히 남아 우리를 지배하고, 집안의 명예나 체면으로부터 우리를 옴짝달싹 못하게 만들곤 한다.

유교의 영향으로부터 제법 자유롭다는 사람들도 수시로 자신을 옭아매기는 매한가지다. 누군가는 사회정의라는 짐을 지고 반대 세력을 깨부수는 데 혈안이 되어 있고, 누군가는 엘리트 같은 소속집단에서 밀려나지 않기 위해 안간힘을 쓴다.

누군가는 남자라는 이유로 울지 못하고, 누군가는 여자라는 이유로 당당한 소리를 내지 못한다. 누군가는 유치하다는 소리가 두려워 원하는 것을 말하지 못하고, 누군가는 쪼잔하다는 소리가 두려워 수시로 손해를 본다.

내가 원하지도 않는데 당연한 듯 해야 할 일들이 사방에 널려 있고, 아주 당연하게 추구해온 꿈조차 내 바람인지 타인의 바람인지 구별되지 않는다.

도대체 왜 그래야 하는지, 그것이 진정 나의 바람인지조차 알지 못하면서 쉴 새 없이 경쟁하고, 쉴 새 없이 비교한다. 경쟁자를 미워하고 친구조차 견제하면서 외롭게 지쳐간다.

경쟁과 비교에서 조금이라도 밀리면, '왜 난 이렇게밖에 못할

까?' '나는 왜 안 되는 걸까?'라는 자책과 후회가 엄습한다. 수시로 지치거나 자책이 깊어지면, '내가 왜 살아야 하나?' '무슨 낙으로 하루를 버티나?'라는 허탈한 물음이 고개를 든다.   -

언젠가부터 그렇게 기운 없는 하루하루가 이어져 간다. 잘할 수 있다는 자신감도 희미해져 가고, 자신에 대한 사랑이나 믿음도 자신에 대한 부정으로 바뀌어가고 있다. 무엇을 원하는지 무엇을 바꿀 수 있는지조차 모르는 못난 자신이 원망스럽고, 그나마 있던 자존감도 바닥을 드러내기 시작한다.

그러면서 묻는다.

'난 도대체 무엇을 향해 달려왔는가?'

'나는 누구를 위해 이 삶을 살고 있는가?'

그러다 문득 깨닫게 된다.

'아! 나조차 나의 편이 아니었구나……'

그렇다. 어쩌면 우리는 진정으로 자신의 편이 되어본 적이 없는지 모른다. 그래서 수시로 몰려오는 그 많은 물음과 한숨을 꾹꾹 누르며 살아온 것인지도 모른다. 나는 그러한 상황에 처한 모든 사람들에게 말하고 싶다. 아니, 전해주고 싶다. 다음과 같은 니체의 말을.

"신은 죽었다!"고.

그리고 묻고 싶다.

"그런데 왜 그 소식을 여지껏 듣지 못했나?"라고.

신은
죽었다

"신은 죽었다!"

이 말은 니체가 남긴 가장 유명한 말 중의 하나다. 또한 차라투스트라가 우리에게 알리고자 했던 가장 중요한 메시지이다.

당신은 물을 것이다. 가정과 직장에서 이리 치이고 저리 치여 힘겹게 살아가는 우리에게 그런 말이 무슨 상관이 있느냐고. 이런 상황에 신을 운운하는 것 자체가 괴상하기 그지없는 것 아닌가.

우리는 여기서 니체가 말한 '신'의 의미를 살펴볼 필요가 있다.

니체는 기존의 전통적 가치관이 붕괴되는 현실 속에서 그토록 믿어왔던 믿음들을 '신'이라는 상징적 존재로 제시해놓았다. 그래서 그런 가치관과 믿음들이 모두 붕괴되고 있다고 말하고 있는 것이다. 그래서 니체가 또다시 되물은 것이다.

"그런데 왜 그 소식을 여지껏 듣지 못했나?"라고.

왜 아직도 그러한 사실을 알지 못하고 과거의 가치관과 믿음들에 연연해하면서 그렇게 힘겹게 살아가고 있느냐고.

본디 유럽은 신의 나라였다. 천년이 넘는 세월이 신의 이름하에, 신의 율법하에 이루어지고 판단되어왔다. 성경은 법전이었고, 하느님의 말씀을 전하는 교황은 신의 권력을 가진 절대 권력자였다. 그의 말이 곧 신의 말이었고, 왕이 되고자 하는 자는 그의 허락하에 왕위에 올랐다. 그리고 그의 주도하에 수많은 유럽인들이 전쟁에 나가 목숨을 내놓았으며, 때때로 마녀사냥의 희생물이 되었다.

하지만 거듭 실패로 끝난 십자군 원정과 더 넓은 세계에 매혹된 르네상스적 관점들은 견고했던 교황의 권위를 무너뜨리기 시작했다. 세계는 동그랗고 신이 애지중지한 이 땅은 우주의 중심이 아니었다. 신의 존재를 증명하던 신학들은 갈릴레이^{Galileo Galilei}와 뉴턴^{Isaac Newton}의 과학에 의해 진리의 땅에서 쫓겨나 버렸다. 더 이상 그 누구도 여자를 남자의 갈비뼈를 떼어 만든 존재라고 생각하지 않았고, 때때로 자신과 원숭이가 같은 배에서 나왔다는 사실에 얼굴을 붉혀야 했다. 신의 나라는 왕의 나라와

국민의 나라로 변모해갔고, 성서가 아니라 인간들이 법을 만들어 세웠다. 교황의 권위가 우리의 옳고 그름을 판단하지 않고, 법을 만들고 법을 집행하는 사람들에 의해 옳고 그름이 판단되고 있다. 그렇게 신의 권위도, 신이 누린 영광도 자취도 없이 사라져갔다.

물론 지금도 많은 이들이 주일이면 교회로 나서고 여전히 성경 문구를 외운다. 두려울 땐 신을 찾고 신의 은총을 받으며 죽고 싶어한다.

하지만 그 누구도 신을 따르지 않는다고 타인을 벌할 수 없고, 더 이상 교황의 말을 법처럼 여기지 않는다. 성서는 법률을 능가하는 힘을 갖지 못하고, 성서가 현실의 과학을 뛰어넘어 세상을 바꾸어버릴 것이라고 믿는 사람은 거의 없다.

이미 그것은 폐기된 진리이고, 이미 그것은 거짓으로 드러난 진리였다. 사람들의 모든 판단을 좌우하던 큰 거짓이 몰락한 것이다.

동양도 사정은 별반 다르지 않다.

한국으로 치면 수천 년을 지탱해오던 유교와 유교가 가진 모든 명분과 기준들, 그리고 조선시대 사람들이라면 모두가 당연시하던 법도들이 이제 더 이상 유효하지도 유용하지도 않게 됐다는 얘기다. 그 누구도 삼강오륜을 자기 삶의 금과옥조로 여기지 않고, 그 누구도 선비답지 못하다고 비난받지 않는다. 몇몇 세시풍습만 매년 다가오는 연례행사처럼 따를 뿐 그것을 진리로 여기지는 않는다. 이제는 장손조차 조부모를 모시려 들지 않고, 하늘의 명이라 여겨 달달 외우던 공자의 말은 가끔 유식한 척할 때나 써먹는 교양 정도로 전락한 지 오래다.

과거 조상과 신, 유교와 기독교, 이런 것들은 우리의 도덕이었으며, 우리의 존재 의미였고, 우리가 무엇을 위해 살아야 하는지에 대한 지표였다. 그렇기에 예전에 우리는 오직 그것을 위해 살았고, 그것을 위해 당연한 듯 자신을 희생시켜왔다.

이러한 정당성, 이런 삶의 의미가 바로 니체가 말한 '신'이다. 때때로 자신의 안위나 행복보다 더 중시했던 가치이며 기준, 그것이 바로 '신'이었다. 그래서 우리는 삶의 기쁨이나 안정감에서 행복을 찾기보다 우리에게 존재의 의미를 준 '신의 이름'에서 행복을 찾았던 것이다.

그 시간에 그대들은 말하리라. "나의 행복이 무슨 소용인가! 기껏해야 그것은 가난과 더러움에 불과하다고, 보잘것없는 안락에 불과하다고. 오히려 나의 행복은 나의 존재 자체를 정당화시켜주는 그 무엇이어야 한다!" ─『차라투스트라는 이렇게 말했다』

바로 그런 신이 죽은 것이다!

유행이 끝난
진리

니체가 신을, 기독교를 무조건 부정한 건 아니다. 한때 그것은 엄연한 하나의 진리였다고 말한다. 그는 냉철한 것만큼이나 현실적으로 세상을 바라보았다. 모든 종교가 허구인 것을 직시했을 뿐 아니라, 종교가 허구나 거짓이라고 해서 무조건 부정하거나 사라져야 하는 것은 아니라고 생각했다. 오히려 시대에 따라서는 그것이 필요하다는 것도 인정했다.

진리란 어떤 특정한 종류의 생명체, 즉 인간이 그것 없이는 살아갈 수 없는 그런 오류라 할 수 있다. 그러므로 결국 삶에 도움이 되는 가치가 어떤 관념의 진위 여부를 결정한다고 할 수 있다. ―「힘에의 의지」

문제는 신이 더 이상 경쟁력이 없어졌다는 것!

신은 지배논리 중 하나이고, 이제 그 신이라는 지배논리가 더 이상 영향력이 없는 시대가 왔다는 것을 의미하는 것이다.

또한 서구에서조차 이 신은 기독교의 신만을 의미하는 것도 아니다. 오히려 그것은 유일신으로 상징되는 유일한 하나의 진리, 변치 않는 하나의 진리를 의미하는 것이다. 그것은 플라톤의 이데아*이며, 플라톤 이후로 견고하게 이어져 내려온 서양철학의 형이상학을 일컫는다. 그것은 이데아처럼 변하지 않는 오직 하나의 진리와 가치가, 그 어떤 변화도 용납하지 않았던 세계가, 또 다른 가치나 가능성을 용납할 수 없었던 세계가 붕괴했다는 외침인 것이다.

그렇게 과거의 옳은 것이 오늘날에도 옳고, 먼 미래에도 영원히 옳을 것이라는 확신이, 과거의 악이 오늘과 미래에도 여전히 변함없이 악일 거라는 확신이 붕괴되었다는 외침이다.

그것은 과거 우리 사회가 부과한 모든 의무와 도덕, 가치들이 무너져내렸다는 중차대한 선언이었다.

◆ 이데아(idea) : 쉽게 변하고 경우에 따라 달라 보이는 것이 현실의 세계다. 플라톤은 이런 현실의 세계 밖에 결코 변하지 않는 영원한 세상이 존재한다고 믿었고, 이를 이데아요, 모든 사물의 원인이자 본질이라고 주장했다. 이 변하지 않는 하나의 진리를 찾는 과정이 서구 형이상학의 역사다.

아직 알려지지 않은
소식

이제 신은 죽었다. 신이 죽었다는 것은 모든 것이 붕괴되었다는 것이다. 신에 대한 허구, 완벽에 대한 허구, 그것들이 만들어놓은 모든 법과 기준이 붕괴되었다는 것을 의미한다.

그렇다면 그것은 신에 대한 인간의 승리다. 허구에 대한 진실의 승리고, 인간에게 전해지는 새로운 복음이다. 적어도 논리적으로는 그랬다. 하지만 그것은 승리의 축배가 아니라 저주이자 재앙처럼 다가오고 있었다. 그 무서운 사실을 알고 있었던 사람은 오직 니체의 광인狂人뿐이었다.

다음에 소개할 글들은 『즐거운 학문』 글 번호 125의 전문이다. (좀 길어서 중간중간 나누어 이야기할 것이다. 이 글은 차라투스트라가 어떻게 등장했는지를 말해주는 아주 중요한 글이다. 즉 초인이 등장하게 되는 결정적 계기가 완벽하게 설명되어 있는 문장이다. 무엇보다 아주 생생하다.)

광인 : 밝은 대낮에 등불을 들고 시장을 돌아다니며 '나는 신을 찾는다! 나는 신을 찾는다!'라고 끊임없이 외쳤던 광인의 이야기를 들어보았는가? 마침 그곳에는 신을 믿지 않는 사람들이 모여 있었고 그는 큰 웃음거리가 되어버렸다. 신이 없어져 버렸다고? 한 사람이 물었다. 어린아이처럼 길을 잃었나? 다른 사람이 대꾸했다. 아니면 어디에 숨기라도 했단 말인가? 설마 신이 우리를 두려워하기라도 한단 말인가? 배를 타고 가버린 건 아닌가? 훌쩍 떠나버린 건 아닌가? 사람들은 소리치며 비웃었다. 그러자 광인이 그들 한가운데로 뛰어들어가 뚫어질 듯이 그들을 바라보며 소리쳤다. '신은 어디로 갔단 말인가? 내가 너희들에게 말해주겠다! 바로 우리가 신을 죽였다. - 너희들과 내가! 우리 모두가 그를 죽인 살해자이다!'

시장은 제법 시끌벅적해 보인다. 광인이 나타나 신을 찾고 있다고 했을 때, 사람들은 그저 비아냥거릴 뿐이다. 그들은 이미

신을 숭상하지도 존재를 믿지도 않는 분위기이다. 이미 그들 안에는 신도, 신에 대한 믿음도 없었던 것이다. 바로 그런 신이 죽은 것이다. 아니 아무도 신을 믿지 않았기에 그렇게 죽었던 것이다.

그렇다면 어떻게 우리가 그런 일을 저질렀단 말인가? 어떻게 우리가 대양을 마셔버려 말라버리게 할 수 있단 말인가? 모든 지평선을 지워버리도록 지우개를 준 자는 누구인가? 지구를 태양으로부터 풀어놓았을 때 우리는 무엇을 해야 한단 말인가? 지금 지구는 어디로 가고 있는가? 모든 태양으로부터 멀어져 가고 있는 것은 아닌가? 그렇다면 뒤, 옆, 앞, 모든 방향에서, 아직도 어떤 위아래가 있다고 하겠는가? 마치 그것은 무한한 허무를 가로지르며 헤매고 있는 것은 아닌가? 오히려 허공이 우리를 향해 한숨을 내쉬고 있는 것은 아닐까? 더 추워지면 어쩌지? 우리에게 끝없이 밤만 계속되는 것은 아닐까? 대낮에도 등불을 밝혀야 되는 것은 아닐까? 신을 파묻었던 묘지 관리인의 소란을 아무도 듣지 못했단 말인가? 우리는 아직도 그 사멸에 대해서 아무 냄새도 맡지 못하고 있는 것인가? 신들도 사멸한다! 이제 신은 죽은 채로 있다! 우리가 그를 죽인 것이다! 살해자 중의 살해자인 우리가 스스로를 어떻게 위로

할 수 있는 걸까? 세상이 지금까지 있었던 것 가운데 가장 강하고 성스러운 것이 우리의 칼날 아래 피 흘리며 죽어 있는 것이다. 우리의 이 피를 씻어줄 자는 누구인가? 우리를 씻어줄 물은 있는가? 어떤 속죄양을 만들고, 어떤 성스러운 사건을 고안해내야 한단 말인가? 그런 행위는 애시당초 우리가 감당하기에는 너무나 위대한 것이었단 말인가?

신은 죽어버렸다. 그것도 갑자기. 문제는 여기서 터진다. 그동안 신을 중심으로 움직이던 세계가 갑자기 붕괴된 것이다. 카오스다. 태양을 떠난 지구는 어디로 가야 하는가? 그것은 신이 사라진 세상에서 인간은 무엇을 향해 나아가야 하는가를 묻는 것이다. 우리에게 도덕을 제시하고 우리의 죄를 사하여주었던 신이 사라졌으니 이제 누가 우리에게 옳고 그름을 알려주고 우리의 죄를 용서해줄 것인가를 묻지 않을 수 없다. 신을 위해 살기만 하면 그만이었던 세상에서 이제 누가 인간에게 의미를 부여할 것인지를 묻는 것이다. 우리는 혼란에 빠졌고, 다시 우리에게 의미를 부여하고 방향을 제시해줄 무엇인가를 찾아야 한다. 우리에게 법과 기준을 제시해줄 무엇인가를 찾지 않는다면 우리는 공황 상태에 빠지고 말 것이다.

그동안 신을 중심으로 움직이던 세계가
갑자기 붕괴된 것이다.
카오스다.

태양을 떠난 지구는 어디로 가야 하는가?
그것은 신이 사라진 세상에서
인간은 무엇을 향해 나아가야 하는가를 묻는 것이다.

그것은 바로 니힐리즘, 허무주의의 도래다. 이 세상에 그 어떤 것도 의미를 부여할 수 없고, 기준조차 되어줄 수 없는 세계. 그저 태어났다가 죽는, 지금 바로 죽어도 크게 다를 것이 없는, 극단의 허무주의! 바로 그것이 도래한 것이다. 그래서 어쩌면 후회하고 있는 것일지도 모른다. 너무나 어마어마한 일을 저질러 버렸다고.

이 혼돈의 세상에, 광인은 그나마 잠시 하나의 가능성을 상상한다.

그 행위의 가치를 드러내기 위해서라도, 우리가 스스로 신이 되어야만 하는 것은 아닐까?

그것은 스스로가 신이 되어 자신에게 옳고 그름의 기준을 부여하고, 스스로에게 삶의 의미와 가치를 부여하는 것이다. 그렇다. 이것만이 우리가 할 수 있는 것이다. 이것이 바로 초인이다. 초인은 스스로가 삶에 주인이 되는 자이기 때문이다. 스스로가 가치와 법을 세우는 입법자이기 때문이다. 『타임』지가 영국 최고의 니체 전문가라고 소개한 홀링데일Reginald J. Hollingdale 또한 초인을 '자기 자신의 주인인 인간'이라고 명료하게 정의하고 있다.

모든 가치들이 사라져버린 세상에서, 스스로가 신이 되어 의미를 부여하고 새로운 자신만의 도덕 기준을 창시하는 것, 그것이 바로 초인이다.

우리는 여기서 쉽게 흔들리지 않는 자존감의 가능성 또한 보게 된다. 초인은 스스로가 스스로에게 옳고 그름을 부여하고 가치와 의미를 부여하기 때문에, 결코 타인의 시선과 평가에 주눅들지 않고 비교하지도 않는다. 타인의 비교와 가치는 자신의 것이 아니기 때문에, 자신에게 어떠한 영향도 미칠 수 없는 것이다. 이렇게 타인의 시선에 아랑곳하지 않는 초인을 통해 우리는 쉽게 흔들리지 않는 자존감의 가능성을 볼 수 있다. 자신 말고는 아무도 흔들 수 없는 불굴의 자존감 말이다.

니체는 그것이 아주 위대한 행위이고, 우리의 후손들에게 더없는 영광이 될 것이라고 말한다. 그것은 신에 버금가는 긍정이고 우리와 후손이 신에 버금가는 입법자이자 고귀한 자가 될 수도 있다는 것을 의미하기 때문이다.

이제까지 이보다 더 위대한 행위는 없었다. 이제 우리 뒤에 탄생하게 될 모든 사람들은 이 행위 덕분에 지금까지 있었던 그 어떤 역사보다 더 고귀한 역사에 속하게 될 것이다!

그렇다. 그것은 이제까지 있었던 모든 역사보다 더 고귀한 역사적 사건이 될 것이다.

하지만 그는 너무 일찍 왔다. 이것이 아주 재미있는 포인트다.

이윽고 광인은 조용히 자신의 말을 듣고 있던 사람들을 둘러보았다. 그들 역시 놀란 눈을 하고 조용히 그를 쳐다보았다. 마침내 그는 자신의 등불을 땅에 내동댕이쳤고, 등은 산산조각 나며 불이 꺼져버렸다. '나는 너무 일찍 왔다.' 그는 계속 말을 이었다. '나의 때는 아직 오지 않았다. 이 어마어마한 사건은 아직 진행 중이고 여전히 방황 중에 있다. 그것은 아직 사람들의 귀에 도달하지 못한 것이다. 별빛이 우리에게 도달하는 데에도 시간이 필요한 것처럼. 그렇게 행위들은, 비록 완성된 것일지라도 볼 수 있고 들을 수 있게 될 때까지는 시간이 필요한 것이다. 아직도 사람들에게 그 행위는 가장 멀리 있는 별보다도 더 멀리 있는 것이다. 바로 그런 행위를 그들 자신이 행하였던 것이다!' 소문에 의하면 그날 광인은 이곳저곳 교회를 뛰어다니며 신에 대한 진혼곡을 불렀다고 한다. 그가 밖으로 끌려나와 심문을 받았을 때 오직 다음과 같은 말만 되풀이했다고 한다. '이 교회들이 신의 무덤과 묘비가 아니라면 도대체 무엇이란 말인가?'

신은 죽었지만 여전히 신이 죽었다는 소식조차 아직 사람들에게 전해지지 않은 것이다. 이것이 중요한 핵심이다. 사람들은 다가오고 있는 엄청난 허무를 아직 눈치조차 채지 못하고 있었다. 이미 극단의 허무와 그에 대한 혼란과 발버둥이 도처에서 벌어지기 시작했지만, 아무도 그것을 깨닫지 못하고 희희낙락하고 있다. 이것이 니체와 차라투스트라가 서 있는 현실이고, 미리 깨달은 자들의 현실이다.

입법자

신과 형이상학이 죽었다. 그것은 세상의 법이고 도덕이었다. 모든 것의 기준이었고, 삶의 의미를 부여하는 것이었다. 그것이 사라지자 오직 혼란과 허무만이 남았다.

이제 신에 대한 믿음은 '나약한' 자들이 만들어낸 일종의 허구에 불과하다는 사실이 드러났다. 그렇다면 그러한 믿음이 부여해주었던 위안과 보호 없이도 삶이 가능할 수 있을까? —「반시대적 고찰」

그렇다면 법이 사라진 세계에서 이제 누군가는 다시 법을 세워야 한다. 다시 도덕을 만들고 기준을 정해야 한다. 의미를 부여해야 한다.

그럼 누가 법을 세운단 말인가? 누가 의미를 부여한단 말인가? 과거에는 신이, 형이상학이 이 모든 것을 해주었다. 우리는 그저 그것을 믿고 따르기만 하면 됐다. 하지만 그들은 죽고, 이제 아무도 새로운 법을 세울 수 없다. 아! 우리에게 의미를 부여해 줄 자가 없는 것이다!

그렇다면 결국 나 자신이 스스로 그것을 세워야 한다.

모든 사물의 가치를 그대들이 새롭게 정립하라! ─『차라투스트라는 이렇게 말했다』

결국 나 스스로가 의미를 부여해야 한다.

그래서 초인은 입법자인 것이다. 그리고 가치 부여자인 것이다. 그가 해야 할 일이 바로 새로운 기준을 세우고, 새로운 가치와 법을 만들어내는 것이기 때문이다. 그렇기에 초인을 단 한 단어로 표현해야 한다면, 그것은 '입법자'다.

현재 세계에서 가치를 가지는 것은 본래 그 자체로 가치를 가지고 있었던 것은 아니다. 언제나 자연은 몰가치적이다. 인간이 언젠가부터 가치를 부여하고 선사했을 뿐이다. 이렇게 가치를 부여하고 선사하는 자는 우리 자신이었다! 그렇게 우리 자신이 인간과 관계 있는 세상을 창조한 것이다! ─『즐거운 학문』

그렇다. 살아가야 할 이유가 사라진 세상에 던져졌을 때, 어디로 가야 할지 모르고 자신의 존재에 대해 아무도 대답해주지 않는 세상의 한복판에 서 있을 때, 그렇게 헤어나오기 힘든 허무주의의 현실 속에 갇혀 절망하는 우리에게 니체가 준비한 선물이 '초인'인 것이다.

의미가 없는 세상에서, 어떻게 삶의 의미를 부여하고, 무엇을 향해 살아갈지를 제시하고 그 근거까지 보여준 것이 바로 '초인'이다.

초인은 니체 사상의 핵심이며 『차라투스트라는 이렇게 말했다』에서 차라투스트라가 가르치고자 하는 가장 현실적이면서도 가장 이상적인 한 개인의 모습이다.

나답게 살아가는 자,
초인

　　한때 더 많은 발전, 더 많은 생산을 기치로 목표만 보고 달려가던 시절이 있었다. 더 좋은 사회, 더 강한 국가나 더 강한 기업을 앞세워 개인의 희생을 당연하게 받아들이던 시대가 있었다.

　　뛰어난 팀을 만들고 뛰어난 조직원이 되기 위해 철저한 자기계발을 독려하던 시대도 있었다. 더 많은 돈, 성공을 위한 더 많은 자기계발은 여전히 각광받고 있기도 하다.

　　하지만 언제부터인가 많은 사람들이 자기 삶을 돌보고, 자신을 위로하고, 스스로에게서 의미를 찾으려고 한다. 『온전히 나답게』 『나는 나로 살기로 했다』 『나, 있는 그대로 참 좋다』 『어디까지나 제 생각입니다』 등 최근 '자기답게'를 강조하는 수많은 위로의 책들이 그 예라 할 수 있다. 물론 그 이면에는 불경기, 실업, 치열한 경쟁 등으로 위로와 내적 성찰을 원하는 분위기도 한몫한다.

그러나 이전보다 이런 메시지들이 자연스럽게 들리고 갈수록 많은 사람들의 호응을 얻고 있는 것은 확실해 보인다. 어쩌면 한 사람, 한 사람씩 알기 시작한 것인지도 모른다.

자기 자신이, 원래의 자신이 얼마나 소중한지를.

부자연스러움으로부터, 자기의 정신으로부터 가장 회복이 잘되는 것은 자기의 본성 안에서이다. —「우상의 황혼」

원래의 자신을 소중히 여기고, 자기만의 삶을 자기답게 살아가는 것, 그것을 우리는 '입법자'라고 바꿔 쓸 수 있다. 입법자란 스스로 법을 세우고 그 가치와 의미에 따라 사는 것이고, 자기답게 사는 것 역시 자신만의 가치와 의미를 가지고 그에 따라 충실히 살아가는 것이기 때문이다.

결국 타인의 가치와 기준에 큰 의미를 두지 않고, 타인의 눈치를 보지 않으며, 오직 자신이 느끼는 의미와 즐거움을 중시하며 살아가는 모습인 것이다.

우리 자신이 그런 사람이 되고자 한다. 새로운 사람, 하나밖에 없는 유일한 존재, 비교할 수 없는 사람, 자기 스스로가 스스로의 입법자인 사람, 스스로를 창조하는 창조자! -『즐거운 학문』

그러므로 초인의 또 다른 이름, 아니 입법자의 또 다른 이름은 '자기답게 사는 자'다. 자기 자신이 되는 자다. 그것이 '자기 자신의 주인으로 사는 것'이기 때문이다.

너의 양심은 무엇이라 말하는가? - "너는 너 자신이 되라!" -『즐거운 학문』

그렇다면, 어쩌면 최근의 이런 상황들은 여기저기서 초인을 꿈꾸고 있음을 보여주는 것일지 모른다!
어쩌면 너도 나도 초인을 꿈꾸기 시작한 것인지 모른다.
니체는 200년이 지나야 자신의 진가를 알아본다고 말했지만, 이미 그의 시대가 우리 안에 펼쳐지고 있는 것인지도 모른다.

초인에 대한 오해

자기답게 사는 것이 '초인'의 의미라고 하면 누군가 물을 것이다.

니체의 핵심 사상이라는 '초인'이, 우리를 능가하거나 속세를 초월할 것 같은 그 이름이, 고작 '자기 자신이 되는 것' '나답게 살기'냐고.

누구나 할 수 있고 누구나 별것 아닌 것처럼 여기고 살아가는 그 흔한 말에 왜 그렇게 거창한 '초인'이란 단어를 썼는지, 차라투스트라가 그렇게 힘겹게 가르치려 했던 것이 고작 그런 의미였는지, 우리가 언제는 자기 자신이 아니었는지를 반문할지 모른다.

물론 그런 오해에는 '초인'이라는 번역어의 문제도 있다. 초인
하면 정말 인간의 능력을 뛰어넘는 슈퍼맨 같은 의미도 있고,
삶을 초월해 속세를 등진 은둔자의 이미지도 떠오른다. 게다가
우리가 학창시절 배우고 외웠던 이육사의 시에 등장했던 초인
은 당시 불가항력적이었던 식민지 현실을 뒤바꿀 만큼 강력한
힘의 소유자이기도 했다. 그만큼 초인은 우리가 상상하는 그 이
상의 것을 떠오르게 한다. 그래서 이런 오해를 최소화하기 위해
최근에는 초인이라는 말 대신 독일 원어인 '위버멘쉬^{Übermensch}'를
사용하는 추세이기도 하다.

하지만 독일어마저도 사실 이런 뉘앙스에서 완전히 자유롭지
못하다. 위버멘쉬 또한 인간을 넘어선다는 의미를 가지고 있어,
대부분의 독일 독자들 또한 우리와 크게 다르지 않게 오해하기
때문이다. 오죽하면 니체가 자신이 공격했던 그런 영웅적 방식
으로 초인을 오해한다고 불평했겠는가.

하지만 거의 모든 곳에서 그 말의 가치가 차라투스트라의 모습에서
드러나는 것과는 정반대의 의미로 단순하게 이해되고 있다. 예를 들
어 반은 '성자'고 반은 '천재'인, 그런 좀 더 우수한 유형의 인간으로
말이다. (…) 내가 그토록 신랄하게 비판하고 거부해왔던 '영웅 숭

배'마저도, 심지어는 '차라투스트라'에서 다시 발견해야 했다. ─「이 사
람을 보라」

또한 수십 권에 이르는 니체의 방대한 책들은 다양한 방면을
망라한 철학사 전체를 흔드는 거대한 담론이기도 하다. 그저 한
개인이 자기답게 살아가는 모습을 제시하는 그런 미시적인 관
점만으로는 설명할 수 없는 거대한 논쟁의 철학일 수 있다.

하지만 또한 니체의 그 모든 책은 우리가 '우리 자신이 되라'
는 단 하나의 외침일 수 있다. 니체의 눈은 철저히 한 사람, 한
사람에게 놓여 있고, 그 개인이 각자의 삶의 중심에 있다는 사
실을 핵심으로 하기 때문이다. 그러므로 각자가 자신의 삶을 자
기답게 살아야 한다는 것이 니체의 핵심 가르침임에 틀림없다.

니체가 보기에 그것만이 니체가 포착한 시대의 당면한 문제의
핵심이었고, 다가올 위기를 극복할 수 있는 바람직한 대안이었
다. 그리고 변화하는 미래에 대한 필연적 요청이었다.

문제는 그것이 그렇게 만만치 않다는 것. 당시에 그런 걸 행한
다는 것은 상상조차 하기 힘든 것이었고, 신으로부터 자유로운
오늘날에도 절대 만만치만은 않은 일이다.

그러므로 이제 우리는 스스로에게 물어야 한다.

당신은 정말 당신 자신인가? 당신은 오로지 당신의 모습으로 살고 있는가?

지금 당신이 하고 있는 일은 당신이 간절히 원해왔던 것인가? 아니 당신이 정말 원해서 선택했던 일인가?

지금 당신이 꿈꾸는 것들이 정말 당신의 욕구에 의한 것인가? 당신은 정말 거리낌 없이 자유로운가?

당신의 삶은 정말 만족할 만큼 살 만한 삶인가? 당신이 이 세상에 존재한다는 그 사실이 축복인가?

초인이 된다는 것, 자기 자신이 된다는 것은 이런 질문들에 망설임 없이 '예스'라고 대답하는 것이다. 기꺼이 그 모든 것을 긍정하는 것이다. 그렇게 당당히 자신의 존재에 긍지를 가지고 높은 자존감을 가지고 사는 것이다.

만약 그 질문들에 흔쾌히 모두 '예스'라고 대답했다면, 이미 당신은 초인이다.

제3장

가짜
자존감들

위대한 자를 따르려는 추종자들은
찬가를 더 잘 부르기 위해,
때로는 자신의 눈을 멀게 한다.

─『인간적인, 너무나 인간적인』

세상에
길들여졌다는 것

　　과거에 신과 유교는 우리에게 가치를 부여하는 자였고, 옳고 그름의 판단 기준이었으며, 가치의 평가자였다. 그런 신이 죽어버렸고, 이제 그 누구도 우리에게 어떤 가치를 강요할 수 없고, 그 누구도 우리를 함부로 판단할 수 없다. 신에게서 풀려난 우리는 자유로워야 한다. 우리는 무엇이든 할 수 있고, 무엇이든 해도 되는 것이다. 감히 무엇이 우리에게 기준을 강요하고 우리를 평가한단 말인가? 오히려 우리 스스로가 우리의 법과 기준을 만들어야 한다.

　하지만 우리는 정말 자유로운가? 유교의 잔재와 왜곡된 맹신들을 버린다면, 우리는 정말 자유롭게 살 수 있을까? 우리 스스로 당당하게 법과 기준을 만들고 그 무엇에도 구속되지 않을 수 있는가? 현실에서 정말 그런 '자유'가 가능하긴 한 것인가?

여전히 학생은 학생다워야 하고 공부를 못하는 학생은 학생 취급도 못 받는다. 여전히 남자는 남자다워야 하고 나약한 모습을 보이는 남자는 반충이 취급을 받는다. 여전히 여자는 여자다워야 하고 독립적이고 당당한 여자는 사납다는 취급을 받는다. 여전히 부모는 희생하고 그 희생의 대가로 아무것도 요구하지 못하는 노후를 맞이한다. 허리가 꼬부라지도록 아이들을 키우고 부모를 봉양한 어떤 세대는 더 이상 자식들로부터 아무런 봉양도 요구하지 못하는 불공평하기 짝이 없는 시대가 되어버렸다.

물론 젊은이들은 개성을 갖고 당당하게 자신의 삶을 산다고 믿고 싶어한다. 그러나 그것은 바람일 뿐일지도 모른다. 우리는 여전히 신이 있던 세상에 길들여져 있으니까! 니체는 바로 그런 점을 꼬집는다.

이 젊은이들에게는 인격도 재능도 근면함도 충분하다. 하지만 그들에게는 자기 자신에게 방향을 부여할 수 있는 시간이 허용되지 않았고, 오히려 어떤 방향을 수동적으로 받아들이도록 어린 시절부터 길들여졌다. 그들이 '사막에 보내도 좋을 만큼' 성장하면 그들은 좀 더 다르게 다루어진다. 즉 그들은 이용당하고, 자기 자신을 박탈당한다. 매일 사용되면서 닳아지도록 교육받았으며 그것을 의무로 받아들였다. 이제 그들은 매일 사용되어 닳지 않고는 지낼 수 없게 되었고 그 외에 다른 것은 바라지도 않게 되었다. 다만 수레를 끄는 이 불쌍한 동물들에게 '휴가'를 주지 않는 것만은 허용되지 않았다. 지나치게 많은 노동을 해야 하는 이 세기에 한가함에 대한 바람은 '휴가'라고 불렸는데, 이때만큼은 사람들이 마음껏 게으름을 피우며 바보같이 어린애처럼 굴어도 된다. -「아침놀」

그 모든 것들이 우리가 선택했다기보다 알게 모르게 우리에게 주입된 의무들이다. 너무나 당연하게 여겨져서 한 번도 거부해 보지 못한 의무들. 니체는 이 모든 것들이 아직도 남아 있는 관념들, 아직도 남아 있는 '신의 그림자'라고 말한다. 그는 이미 알고 있었던 것이다. 신이 죽었다고는 하지만, 우리는 오래도록 그 굴레를 벗어던지지 못하고 끌려가게 될 것이라는 것을.

되살아난
신들

우린 이미 근대를 넘어 현대를 살고 있지만, 여전히 많은 부분은 근대와 그 이전의 시대에 묶여 있다. 오늘날에도 적응과 화합이라는 명분하에 여전히 우리에게 덧씌워진 의무들과 관습들은 가히 현대의 신들이라고 불러야 할 정도다.

특히 니체는 신을 대체한 새로운 우상으로 '국가'를 언급했다. 교황의 힘이 몰락한 그 자리에 왕이 자리매김했고, 근대화된 시민사회에는 일개 개인인 왕이 아니라, 시민의 이익을 대변하는 국가가 우뚝 섰다. 강요된 신도 꾸며낸 신도 아닌, 시민들이 자발적으로 만들고 받아들인 이 '국가'는 이성적이고 합리적인 모습을 하고 있다. 그만큼 더 크고 더 거부할 수 없는 영향력을 가지게 된 것이다.

사람들이 교회에 행했던 것과 똑같은 우상숭배를 국가가 우리에게 행하기를 요구한다. -「반시대적 고찰」

국가는 애국심이라는 미명하에 복종하게 하고, 전쟁에서 아낌없이 목숨을 바치라고 요구한다.

애국심에 불탄 어중이떠중이들이 앞다투어 목숨을 내걸고 국가를 찬양한다. 심지어 과감히 신을 거부했던 자들, 훌륭한 영혼을 가진 자들조차 태연하게 꼬여낸다.

위대한 영혼의 소유자인 그대들에게조차 국가는 음흉한 거짓말을 속삭여댄다! 아, 국가는 자신을 흔쾌히 바칠 대범한 마음을 가진 자를 알아본다!

그렇다. 국가는 낡은 신을 정복한 그대들도 꿰뚫어본다! 그대들은 싸움에 지쳤고, 이제 지친 나머지 새로운 우상을 섬기려 한다!

국가, 이 새로운 우상은 영웅과 존경할 만한 자들을 전면에 내세운다! 국가, 이 차가운 괴물은 떳떳한 양심의 빛을 쬐려고 한다!

그대들이 이 국가를 숭배하기만 하면 그 새로운 우상은 그대들에게 뭐든지 주고자 한다. 그렇게 국가는 그대들의 빛나는 덕과 자랑스러운 눈빛을 매수하려 한다. -「차라투스트라는 이렇게 말했다」

그래서 니체는 국가야말로 가장 냉혹한 신의 그림자라 말하며, 가장 게걸스럽게 우리를 집어삼키는 괴물로 묘사했던 것이다. 그 역사가 오래되었지만 '민족' 또한 여전히 경계해야 할 그림자다. 특히 자신의 민족에 너무 집착할 경우 도태의 길을 걷게 된다.

어떤 민족이 아주 견고한 것을 많이 가지고 있다면, 사실은 그 민족이 화석화되려 하고 있는 것이며 그저 기념비에 지나지 않게 되어버릴지도 모른다는 증거다. ―「인간적인, 너무나 인간적인」

이런 패쇄적인 민족주의와 국가에 대한 맹신이 만들어낸 것이 바로 나치의 만행이었던 것이다.

국가와 민족을 신성시하는 것! 이들은 아무런 거리낌 없이 자신들을 '선'이라 부르고 타인을 '악'이라 부른다. 악을 벌하기 위해 기꺼이 전쟁을 벌인다. 무고한 사람들이 이유 없이 죽어가는 전쟁은 그들에게 영광일 뿐이다.

선한 자나 악한 자나 할 것 없이 모두가 독을 마시게 되는 곳, 그렇게 모두가 자기 자신을 잃어버리는 곳을 나는 국가라 부른다. ―「차라투스트라는 이렇게 말했다」

조국에 홀리고, 민족에 홀려 스스로의 생각이 있었는지조차 모르는 자들, 그들의 이 모든 망상의 그림자들을 니체는 공격했다. 그런 망상은 당시 꿈틀대던 사회주의에도 적용된다.

니체는 사회주의자들의 본질이 다수인 자신들보다 부유하고 우월한 소수의 인간들에게 갖는 '원한 감정'과 '복수심'에 있다고 생각했다. 그들은 복수심에 불타 자신들을 억압하는 전제주의조차 기꺼이 받아들인다고 꼬집는다.

평등을 설교하는 자들이여! 그처럼 무력감에서 나온 폭군의 광기가 그대들의 마음속에서부터 평등을 외치게 한다. ―『차라투스트라는 이렇게 말했다』

사람들은 스스로에게 무책임하다. 경제적 평등을 위해서라면 사회주의자들은 전제적인 국가의 지배조차도 기꺼이 받아들이려 한다. 사실상 사회주의자들은 창의성 없는 대중이 '제왕적 폭력'으로 지배되기를 바란다. 그들 역시 국가를 우상처럼 숭배하는 자들이다. ―『인간적인, 너무나 인간적인』

니체는 그들을 평등이라는 명분하에 더 강하고 더 노력하는 자들조차 같은 수준으로 끌어내리려 한다고 비난한다. 그들은 모든 것을 자기 자신의 욕구, 자기 자신의 기준보다 국가와 사회의 기준에 맞추고 있다.

국가, 민족, 사회주의, 이 모든 것들은 결국 우리 개인의 진정한 모습을 뒤로하고, 하나의 목표, 대중의 합의를 강요하는 이데올로기일 뿐이다. 이들은 우리의 타고난 욕구와 힘에의 의지가 날개를 펴는 것을 무시하고, 오직 자신들이 만들어낸 허상을 위해 내달리라고 강요하는 것들이다. 신의 얼굴을 하고 있지는 않지만, 우리가 당연한 듯 끌려가는 신의 그림자다. 그래서 니체는 이 모든 것들을 불신한다.

그는 신의 그림자가 저무는 곳에서만이 진정한 나, 진정 자유로운 초인이 나타날 수 있다고 말한다.

나의 형제들이여! 국가가 소멸하는 곳을 보라. 그대들의 눈에 초인이라는 무지개와 다리가 보이지 않는가? - 「차라투스트라는 이렇게 말했다」

과학이라는 이름의
신

    여전히 신의 그림자가 길게 드리워져 있다는 말에, 어쩌면 누군가 당당히 손을 들고 말할지 모른다. 나는 그렇지 않다고. 나는 종교를 믿지 않으며 보이는 것만 믿는다고. 나야말로 철저히 논리적이고 과학적이라 나보다 더 냉철한 사람은 없을 것이라고.

    하지만 바로 그런 맹신이야말로 니체가 가장 염려했던 바다. 그것이야말로 신이 죽은 이후에도 신의 그림자가 가장 짙게 드리워진 것이기 때문이다.

    신은 죽었지만 영원한 것, 완벽한 것을 꿈꾸는 형이상학의 잔재들이 여전히 남아서 우리를 지배하고 있는 것이다. 이는 과학이나 실증적 관점들이 신을 무너뜨린 냉철한 이성이라는 이유로 오히려 더 맹목적인 믿음을 자아내고 있기 때문이다.

그래서 니체는 말한다. 증명할 필요조차 없이 자명하다고 말하는 '공리'조차도 따지고 들어가면 자명하지 않다고. 온갖 역학, 수학, 수치 등을 내세우며 세상의 절대 진리처럼 알려지기 시작한 과학에도 경거망동하지 말라고 일침을 가했다.

과학적으로 탐구되고 계속 연구될 수 있는 세계 해석만이, 수를 세고, 계산을 하고, 무게를 달고, 눈으로 확인하고, 손으로 만져보는 것 외에는 아무것도 용인될 수 없다는 세계 해석만이 정당하다는 주장, 그것이야말로 얼마나 우둔하고 단순한 행위인가. 정신병이나 천치가 아니라면 말이다. ㅡ「즐거운 학문」

니체는 과학이 내세우는 객관성이 정말 객관적일 수 있는지, 실험을 설계하고 결과를 해석하는 것 자체가 이미 주관적인 것은 아닌지 의심한다.

한 연구자가 하나의 대상을 골라 실험하고 검증하면서 더해지는 주관적인 관점과 취사 선택적인 면모들은 과학이 주장하는 객관성을 근본부터 의심스럽게 하고, 정확한 분석이라는 이름 하에 일일이 쪼개놓은 실험대상은 과학의 신뢰성을 더욱 떨어뜨린다.

차라투스트라의 제자 중 하나인 '정신의 양심가'가 바로 그런 전형일 것이다. 그는 과학적으로 증명되지 않은 어떤 것도 믿지 않는다. 그래서 그는 거머리의 두뇌를 연구한다. 거머리 전체를 연구한다면 확실하게 말할 수 없는 게 너무 많아지기 때문이다. 이게 그들이 말하는 엄밀한 과학의 현실적인 실태인 것이다.

설령 과학의 엄격함을 충분히 인정한다고 해도, 아무리 과학이 견고해 보여도, 결국 그것은 삶의 진정한 의미와 방향을 제공할 수 없는 껍데기에 불과하다고 니체는 말한다.

따라서 그대들이 이해하고 있는 '과학적인' 세계 해석은 가장 어리석은 세계 해석이다. 다시 말해 모든 가능한 세계 해석들 중에서도 가장 의미가 빈곤한 그런 세계 해석일 것이다. ─「즐거운 학문」

역학적인 세계란 본질적으로 무의미한 세계다! 음악의 가치를 그것이 얼마나 숫자와 계산, 공식으로 환원될 수 있는가로 평가한다면, 음악에 대한 '과학적' 평가라는 것은 얼마나 터무니없는 것이겠는가! 도대체 무엇을 파악하고 이해하고 인식할 수 있겠는가! 이 경우 음악은 아무것도, 전혀 아무것도 아닌 것이다. ─「즐거운 학문」

음악의 가치를

그것이 얼마나 숫자와 계산, 공식으로

환원될 수 있는가로 평가한다면,

음악에 대한 '과학적' 평가라는 것은

얼마나 터무니없는 것이겠는가!

–『즐거운 학문』

그러므로 과학은 유독 중요하게 준용해야 할 지식이지만 결코 맹신할 수 없는 지식인 것이다.

또한 니체는 과학뿐 아니라 역사학자들에게도 일침을 가했다. 당시 과학이라는 이름하에 엄격한 사실에 입각한 객관적 역사 기술을 내세운 역사학자들의 허세를 비웃었다. 자신들의 취향에 맞추어져 다듬어지고 선택된 개념과 역사적 사실을 객관적이라고 떠드는 그들의 허세를.

객관적 역사 기술이라는 것이 얼마나 쉽게 편향적인 역사 기술이 되어버리는가! 그것은 2등이면서 1등으로 보이게 하는 기교일 뿐이다. ─「유고」

그들은 모두 종교를 배격하고 형이상학을 배격한다고 주장한다. 하지만 결국 그것은 또 다른 신이자 형이상학일 뿐이다.

최후의
인간

　현대는 개인주의의 시대로 들어섰고, 과거의 관습이나 고리타분한 의무로부터 자유롭고자 하는 사람들이 곳곳에서 고개를 들고 있다. 그들은 기존의 가치를 따르지 않고 나름대로의 가치를, 나름대로의 취향을 향유하며 살아가고자 한다.

　그들은 말한다. 내 뜻대로, 내 멋대로 산다고. 쓸데없이 경쟁에 휘말리기보다 나만의 행복을 추구하며 산다고. 그들은 스스로를 교양인이라 부르며 저녁이면 와인 한 잔의 안락한 여유를 즐기고, 품위 있는 책 한 권과 사회 현안에 대한 날카로운 비판을 즐긴다. 웃으며 떠들 수 있는 주변의 몇몇 이웃들이 그들의 행복이고 그들의 라이프스타일의 한 모습이다.

그들의 삶을 들여다보면 정말 그럴싸하다. 종교나 이데올로기에 연연하지 않는 사람들, 좀 더 지적이고 교양 있는 자들이라면 얼마든지 공감하고 기꺼이 동참할 만한 삶이 아닌가? 요즘 나오는 수많은 TV 프로그램과 책들도 이런 라이프스타일을 보여주며 큰 호응을 얻고 있다.

하지만 니체는 이들을 '최후의 인간'이라고 부르며 질타한다. 모든 신과 형이상학이 붕괴되어가도, 끈질기게 아주 끈질기게 살아남아 초인이 오는 길목을 틀어막고 있는 자들이기 때문에.

보라! 내가 그대들에게 최후의 인간을 보여주겠다. "사랑이란 무엇인가? 창조란 무엇인가? 동경이란 무엇인가? 별이란 무엇인가?"라고 최후의 인간은 물으며 눈을 껌벅거린다. 대지는 작아져 버렸고, 모든 것을 작게 만드는 최후의 인간은 그 위에서 뛰어다니고 있다. 이 종족은 마치 벼룩과 같아서 좀처럼 근절시킬 수 없고, 따라서 그들은 가장 오랫동안 끈질기게 살아남는 자들이다. -「차라투스트라는 이렇게 말했다」

이들의 행복론이야말로 얼마나 솔깃한가? 이들이야말로 신이

나 형이상학으로부터 자유롭고, 자신만의 삶을 살고 있는 것이 아닌가?

그럼에도 왜 니체는 그토록 최후의 인간을 경멸했을까?

자본주의나 물질주의에 휘둘리지 않고 자신만의 즐거움을 만끽하며 스스로의 삶을 사는 그들이야말로 초인이 아닌가?

하지만 여기서 가장 중요한 차이는 이것, '대지가 작아져 버렸다'는 것이다.

여기서 대지는 살아 숨 쉬는 생명력이다. 곧 니체 사상의 핵심인 '힘에의 의지'다. 그것은 자신의 힘을 확인하고 그것을 확장하려는 타고난 욕구다. 최후의 인간에게는 그런 욕망이 보이지 않는다. 즉, 힘에의 의지를 찾으려야 찾을 수가 없는 것이다. 지금 당장 편하고 안락하면 그뿐이다.

그들에게는 모든 게 힘겹고 무섭다. 그들은 한없이 나약하다. 약간만 힘들어도 그것을 회피한다. 그저 가볍게 동정이나 하고 동정받기를 원한다.

"우리는 행복을 발견했다." 최후의 인간들은 이렇게 말하며 눈을 껌벅거린다. 살기 힘든 곳이라면 그들은 지체 없이 떠나버린다. 그들에겐 온정이 필요하기 때문이다. 그들은 여전히 자기 이웃을 사랑하여 이웃에게 자신을 비벼대고 있다. 그들에겐 온기가 필요하기 때문이다. ─「차라투스트라는 이렇게 말했다」

최후의 인간은 고통도 전쟁도 두렵다. 그들에게는 건강이 최고이고, 그저 싸우지 않고 대충대충 사는 게 가장 현명한 것이다. 그들은 일이 오락이길 바라는데, 이 또한 힘겨운 것이 싫어서이다. 그들은 평등을 이야기하는데, 사실 이 또한 이기고 지는 게 무서워서이다.

그들은 수시로 말다툼을 하지만 곧 화해해버린다. 그렇지 않으면 소화불량에 걸리기 때문이다. 낮에는 낮대로 밤에는 밤대로 그들은 작은 쾌락을 즐긴다. 그러면서도 그들은 건강을 중요하게 여긴다. "우리는 행복을 발견했다." 최후의 인간들은 이렇게 말하며 눈을 껌벅거린다. ─「차라투스트라는 이렇게 말했다」

그들은 일을 한다. 일이 오락이기 때문이다. 그러면서도 그들은 그 오락이 자신을 피로하게 하지 않도록 조심한다. 그들 중 어느 누구도 더 이상 부유해지거나 가난해지지 않는다. 부유도 가난도 그들에게는 너무도 힘겨운 짐이기 때문이다. 그러니 누가 지배하기를 원하고, 누가 지배받기를 원하겠는가? 그들에게는 지배하는 것도 지배받는 것도 모두 너무 무거운 짐인 것이다. 목자는 없고 양 떼만 있구나! ―「차라투스트라는 이렇게 말했다」

최후의 인간은 언제나 당장 좋은 게 좋다. 편하고 안락하게, 대충대충 안전하게 사는 게 제일이다. 그것이 그들이 알고 있는 최적의 행복이고 그들만의 최적의 삶의 방식인 것이다.

가짜 자기를 뒤집어쓴
최후의 인간

초인의 반대가 최후의 인간이라는 니체의 말에, 그들은 항변할 것이다. 적어도 우린 신이나 이데올로기에 빠지진 않는다고. 당당하게 나만의 삶을 나만의 가치로 살아간 다고.

하지만 그들은 여전히 자기 기만의 긴 그림자 안에 머물러 있고, 겁에 질려 혼자 설 생각조차 하지 못한다. 그들은 그저 맹목적인 쾌락주의자이자 공리주의자일 뿐이다. 좀 더 많은 쾌락이 무조건 좋은 것이고, 최대한 많은 사람이 최대의 만족을 얻으면 그뿐이다. 그들에게 자기를 극복하거나 역경을 이겨내는 가치 같은 것은 큰 의미가 없기 때문이다.

그들은 자본주의와 돈을 비판하고 우습게 여긴다. 아니, 자신만은 그렇다고 말하고 싶어한다. 하지만 그들은 단 한 번도 자본주의를 떠나 생각한 적이 없고, 돈에 대한 의존을 버려본 적도 없다. 안락함을 최우선으로 하는 이들에게는 안락함을 누리기 위해 돈이 절실히 필요하기 때문이다. 입으로는 돈을 우습게 여긴다고 말하면서도 눈으로는 돈에 따라 모든 것을 평가한다. 그저 그들은 아닌 척하는 물질주의자일 뿐이다.

그들은 안락을 위해, 더 많은 돈을 벌기 위해 기꺼이 자본주의의 부속품이 되는 것도 마다하지 않는다.

아! 인격이 아니라 나사가 됨으로써 하나의 값을 갖게 되었구나!
ㅡ「아침놀」

그들은 입으로는 인간성이 중요하다고 말한다. 그러나 정작 자신은 더 비싼 부품이 되어 더 좋은 와인을 구입할 수 있기만을 희망한다. 그러기 위해 더 전문적이 되기를 바라고, 더 전문적이 되었다는 것에 엄청난 자부심을 느낀다. 하지만 그 전문가라는 것은 손만 쓰는 인간, 발만 쓰는 인간, 손가락만 쓰는 인간일 뿐, 몸 전체를 알지도 사용할 줄도 모르는 괴상망측한 능력자들일 뿐이다.

그것은 한 가지만 지나치게 많이 가졌을 뿐 그 밖의 것은 전혀 갖지 못한 인간들이다. 하나의 커다란 눈, 하나의 커다란 입, 하나의 커다란 배, 또는 다른 뭔가 큰 것에 지나지 않는 인간들 말이다. 나는 그런 자들을 전도된 불구자들이라고 부른다. ─「차라투스트라는 이렇게 말했다」

그들은 더 큰 귀, 더 괴상한 몰골에 자부심을 느끼고, 더 흉측한 자태에 찬사를 보낸다. 자신이 가진 것을 온전히 인식하고 온전히 누리지 못하는 인간들, 삶을 더욱 풍요롭게 만들기는커녕 더 빈약하게 만드는 인간들, 대지가 선물한 그대로를 만끽하지 못하고 특정한 부위만 과대하게 커진 불구로 스스로의 삶을 몰고 가는 자들, 그들 역시 최후의 인간이라 할 만하다.

여전히 이들은 신 따위는 믿지 않는 지적 능력을 자랑하지만, 목자를 찾는 양 떼가 되려는 습성은 누구보다 강하다. 이들이야말로 겁이 너무 많은 졸보 겁쟁이이기 때문이다. 자신이 가진 힘에의 욕망, 힘에의 의지가 있는지조차 모르고, 그저 겁에 질린 채 잡동사니 지식에 기대 의지할 곳을 찾아 헤매는 자들일 뿐이다.

그 결과 그들은 똑같은 자들이 되고자 한다. 똑같은 책을 읽고, 똑같은 것을 원하며 똑같이 똘똘 뭉쳐 있고자 한다. 똑같은 양털을 쓰고, 한 발도 우리 밖으로 나갈 수 없다. 너무나도 두렵기 때문이다. 자기만의 방식을 뽐낸다고 말하면서, 모두 똑같은 방식으로 살아간다. 그들에게 가장 큰 비난은 '유행에 뒤떨어진 자' '모난 돌 같은 자'다. 그러니 다를 수가 없는 것이다.

목자는 없고 양 떼만 있구나! 모두가 똑같은 것을 바라고 똑같은 모습을 하고자 한다. 다르게 생각하는 사람은 자진해 정신병원으로 들어간다. "전에는 온 세상이 미쳤었다." 그들 중 가장 영리한 사람들은 이렇게 말하면서 눈을 껌벅거린다. ―『차라투스트라는 이렇게 말했다』

누가 만든지도 모르지만 겁쟁이들끼리 만들어놓은 법과 취향을 자신의 신념이라 믿고 집착한다. 그것을 지키는 것이 자존심을 지키는 것이다. 돈을 거부하며 돈을 좇고, 유행을 거부하며 유행을 좇고, 개성을 중시하며 혼자만의 의견이 없고, 집단을 비웃으며 늘 집단에 휩쓸린다. 혼자 있기가 두렵기 때문에.

스스로의 법에 따라 혼자 서는 것이 입법자이자 초인이지만, 그들은 그럴 생각도 그럴 배짱도 없다. 물론 개중에는 끼리끼리 모인 겁쟁이들을 비웃으며, 오히려 스스로의 우월함을 뽐내고

자 하는 이들도 있다. 이들은 다른 이들과 자신의 거리를 벌려가며, 그 힘을 과시하고자 한다. 이들은 키홀더 하나를 사더라도 명품을 고집하며 중고차라도 외제차를 타야 한다. 월세를 살더라도 브랜드 아파트에서 살아야 하고, 커피 맛보다는 커피 상표를 즐긴다. 이들은 타인의 부러움을 즐기며 자신의 힘이 확장되는 것을 만끽하는 자들이다. 그래서 이들은 누구나 쉽게 가질 수 없는 브랜드를 원한다. 하지만 이들은 그것이 없을 때 기가 죽고, 그것을 가진 자들 앞에서는 스스로 주눅이 들어버린다.

이들은 스스로를 자부한 것이 아니라, 그저 소유한 브랜드에 자부심을 느낀 것이다. 마치 멋진 가면을 쓰면 힘이 세진다고 믿는 원시부족을 닮았다. 이들은 고작 그 가면에 자신의 모든 자존심을 걸어놓고 자존감이라고 부른다. 이들의 생각대로라면 누구나 몇 푼의 돈이면 살 수 있는 그런 자존감을 가지고 으스대고 있는 것이다.

우리는 신분을 갖지 않는다! 우리는 개인이다! 그러나 돈은 힘이고 명성이다. 존엄함이고 우월함이며 그 자체가 영향력이다. 이제 사람은 얼마나 많은 돈을 가졌는가에 따라서 평가되는 크고 작은 도덕적 편견들을 갖게 된다. ─「아침놀」

이들 역시 자신이 아닌 누군가의 가치에 스스로 자신의 목을 옭아맨 타인의 삶을 사는 자들이다. 대량 소비의 시대에 이러한 자들이 부쩍 눈에 띄는데, 이들이야말로 앞장서서 신의 그림자로 뛰어 들어간 자들이며, 최후의 인간 중에서도 가장 못난 최후의 인간인 것이다.

마지막으로 자신의 법을 갖지 않은 자들, 모든 최후의 인간들의 공통점을 다시 한 번 짚고 넘어가자. 그들은 언제나 타인의 기준을 살피고 눈치를 보기 때문에 수시로 비교대상이 된다. 타인의 기준에 맞추려 하기 때문에 언제나 불안하고 불만족스럽다. 무엇보다 그 기준에서 멀어질수록 수시로 좌절하고 수시로 후회한다. 그들이야말로 좌절과 후회를 거듭하는 후회의 달인인 것이다.

다행히 니체는 후회를 잘 극복하는 극복의 달인이기도 하다. 그는 우리에게 닥칠 수 있는 많은 좌절과 후회를 극복하기 위한 아낌없는 조언들을 남기고 있다.

최후의 인간 같은 후회의 달인들에게, 또 초인이 되고자 분투하는 이들에게도 피가 되고 살이 될 말들을 말이다.

후회도 병이다.
그것은 고쳐야 할 그 무엇이지,
곱씹어야 할 교훈이 아니란 얘기다.

"하나의 경험을 완결하지 못하는 것,
그것은 이미 퇴락의 징표다. 옛 상처를 들추어내는 것,
후회와 자기 경멸로 스스로를 몰아가는 것 또한
또 다른 질병일 뿐이다.
그런 곳에서는 그 어떤 영혼의 구원도 있을 수 없다.
그것은 기껏해야 동일한 질병의
다른 병리적 증상에 불과한 것이다."

「유고」

깊은 후회가
스며드는 날에는

유독 어제의 일이 후회스러운 날이 있다.

지난날 택했던 선택들이 생각지도 못한 파장을 몰고 오기도 하고, 이제껏 믿고 있던 관계나 처세가 전혀 반대의 결과로 다가올 때, 우리는 깊고 긴 후회의 늪으로 미끄러져 내려가는 느낌을 받기도 한다.

'내가 왜 그런 판단을 했단 말인가?' '왜 그렇게 말해버렸지?' '그렇게 하지 않았어야 했는데……'

우리는 서서히 자신을 원망하며 나무라게 된다. 자신의 생각과 판단이 틀렸다는 사실에 실망하고 자괴감에 빠진다. 때때로 무력감이 밀려들기도 한다. 이제까지 가져왔던 세상에 대한 자신의 관점에 의문이 생기고, 자신을 이끌어왔던 삶의 공식들 여기저기에 빈틈과 균열이 일어난다. 자신이 가져왔던 믿음과 확신의 크기만큼 불안이 엄습해오기도 한다.

당신이 지난날 진리라고, 또는 진실이라고 믿고 사랑했었던 것이 지금 당신에게는 오류로 여겨지고 있다. 그것을 부정할 수 있게 되었으니 이제 당신은 당신의 이성이 승리한 것이라고 생각할 것이다. 하지만 그 오류는 당신이 아직 개별적 인간이었던, 물론 당신은 언제나 개별적 인간이지만, 그 당시 당신에게 필요했던 것이었다. 마치 현재 당신의 모든 '진리'가 그런 것처럼 말이다.

그렇다! 그 오류는 아직 당신에게 보여지는 것이 허용되지 않은 것들이고, 그것을 당신이 보지 못하도록 감추고 있었던 일종의 외피 같은 것이었다. 그러므로 예전의 견해를 뒤집어버린 것은 당신의 이성이 아니라, 당신의 새로운 삶이다. 당신은 이제 예전의 견해를 필요하지 않게 되었고, 이제 그것은 저절로 무너져 그 속에서 꿈틀거리고 있던 모순들이 구더기처럼 바깥으로 기어 나오고 있는 것이다. ─「즐거운 학문」

그렇다. 어쩌면 우리는 수없이 많은 실수를 거듭하며 성숙해 가는 것이 아닐까?

니체는 과거 우리의 신념이라는 것이, 고작 그 단계에서 가질 수 있었던 최선의 관점에 불과하다고 말한다. 그러니 이제껏 잘못 바라보고 잘못 판단한 것이 있더라도, 너무 자책하지 말 일이다. 내가 이보다 더 현명해진다 해도, 아니 나보다 훨씬 더 현명한 사람들조차도 시행착오를 겪고, 실수를 거듭하며 정상에 오른다. 니체가 제시한 최상의 인간들조차 그런 모습이 아닌가!

아무리 훌륭한 것이라도 여전히 구토를 불러올 것만 같은 구석이 남아 있다. 최상의 인간 역시 여전히 극복되어야 할 존재인 것이다!
―「차라투스트라는 이렇게 말했다」

어쩌면 나는 이렇게 계속되는 실수를 통해 조금 더 빨리 조금 더 정련된 삶을 향해 한 발 더 다가선 게 아니던가.

그래도 잘못 생각한 내가, 헛발을 디딘 내가 부끄러운가?

그렇다면 자신의 생각에 이렇게 응대해주자.

"새로운 이해에 다다름에 있어 극복해야 할 수많은 부끄러움이 없다면, 그 인식은 얼마나 덜 매력적인 것이겠는가.(「선악의 저편」)"라고.

절대 후회하지
않는 법

잊고 싶지만 불쑥불쑥 고개를 드는 후회 때문에 아무것도 손에 잡히지 않는 날이 있다. 이루지 못한 일, 아쉽게 빗나간 선택이 자꾸 찾아와 되돌리고 싶은 후회가 밀려오는 날이 있다. 그때로 되돌아간다면 절대 그런 선택, 그런 행동은 하지 않을 거라고 가슴을 치며 후회하는 순간들, 그런 미련이 끊임없이 자신을 붙들어 매는 순간들이 있다. 그런 순간이라면 아예 과거를 바꾸어버리는 건 어떨까? 니체는 우리에게 과거를 바꾸는 방법에 대해 넌지시 힌트를 주고 있다.

우리는 결과라는 근거에 따라 모든 원인을 날조한다. 결과야말로 우리에게 잘 알려져 있기 때문이다. ─「힘에의 의지」

우리가 생각하는 원인들은 사실 지금의 결과를 역으로 추적해 나간 결과다. 바꿔 말하면, 우리가 지금 생각하는 과거는, 지금을 만들어낸 원인들은 모두 지금의 눈에서 재해석된 것일 뿐이다.

우리가 현재를 바꾸고 미래를 바꾼다면 그 해석을 전혀 다르게 할 수 있다는 것!

니체가 『즐거운 학문』에서 말한 '예전의 견해를 뒤집어버린 것은 당신의 이성이 아니라, 당신의 새로운 삶이다'라는 말을 다시 한 번 상기해보라.

『힘에의 의지』에서 말한 "우리는 우리 자신이 만들어낸 세계만을 파악할 수 있다"라는 말 역시 같은 맥락이다.

그렇다. 우리는 지금 현재나 미래를 성공으로 바꿈으로써, 과거의 선택을 옳은 것으로 바꿀 수 있다.

실제로 많은 사람들이 그렇게 해왔다. 자신이 집착하던 시험이나 회사 면접에 떨어져서, 생각지도 못한 놀라운 사업을 펼치게 된 사람들도 의외로 많다. 밤낮없이 일만 하다가 실수나 잘못된 선택으로 직장을 잃었는데, 오히려 가정과 일상생활에서 더 많은 즐거움과 행복을 찾게 된 사람들도 적지 않다. 그들이 시험에서 떨어지고 직장을 잃었을 때, 그들의 선택은 심각하게 잘못된 것 같아 보였을 것이다. 하지만 성공적이고 행복한 오늘을 만들어준 것은 바로 그 잘못된 선택들의 결과이다. 잘못된 선택이 가장 옳은 선택으로 바뀐 것이다. 그렇게 그들은 과거를 바꾼다.

과거의 선택이 후회스러우면 후회스러울수록, 미련이 남으면 남을수록, 우리는 지금 현재를 바꿔야 한다. 그 커다란 후회의 감정을 동력 삼아 지금과 미래에 집중하고, 미래를 바꾸기 위한 실천을 하나씩 해나가면 되는 것이다.

니체가 권하는
사유 실험

　　　　　누구나 살면서 절망스러운 순간을 맞이할 때가 있다. 왜 살아야 하는지, 이렇게 사는 게 과연 의미가 있는지 좌절하기도 하고, 누군가를 향해 원망을 퍼붓고 싶기도 하고, 너무 절망적이어서 아무 의욕이 생기지 않기도 한다. 항상 이렇게 힘든 일이 유독 나에게만 덮치는 것 같은 피해망상까지 더해지기도 한다.

　이런 상황이 오래되거나 우울한 감정 등에 휩싸이다 보면 자살까지 생각하게 될지 모른다. 혹은 자살까지 생각하지는 않더라도 어떤 순간 자신이 어떻게 죽을 것인가를 떠올리며 파괴적인 상상에 빠져들기도 한다. 그렇게 상상으로 죽음까지 생각했다면, 차라리 죽음 이후까지 상상해보는 건 어떨까?

내가 지금 당장 죽고, 그래서 다시 태어나는 것이다. 그리고 다시 이제까지 살았던 삶을 그대로 살아가게 되고, 또 오늘 같은 날을 맞이한다. 나는 또 분함과 절망을 참지 못하고 또 죽음을 선택한다. 그리고 또다시 태어난다. 나는 크게 변한 게 없으므로 또다시 이제까지와 같은 삶을 살게 되고, 또다시 절망 속에서 죽음을 선택한다. 또다시 태어나고 또다시 쓰디쓴 절망을 안고 죽어가고…… 또다시 태어나 또다시 절망을 안고 죽어가고 또다시 태어나 절망…….

아! 생각만 해도 얼마나 끔찍한 일인가? 나는 매번 절망하고 매번 괴로움 속에서 매번 자살을 감행한다. 내 삶은 결국 그렇게 늘 고통 속에서 비극으로 끝나고 마는 것이다.

이것이 바로 니체가 말하는 '영원회귀'다.

한 번 태어나서 살고 죽고, 그것이 다음 생에도, 또 그 다음 생애에도 또다시 회귀한다는 논리다. 그렇게 영원히 반복되는 것이 '영원회귀'이다. 물론 니체가 실제로 이 세계가 그렇게 돌아간다고 말하고 있는 것은 아니다. 익히 알려진 대로 하나의 '사유 실험'이다.

삶을 제대로 살고 싶다면, 절망을 이겨내고 싶다면 니체가 말한 바로 이 영원회귀를 상상해보라.

우리는 그 순간 놀라운 현실에 직면하게 될 것이다. 매번 좌절하고 매번 분개하며 매번 자살한다는 것은 얼마나 끔찍한 일인가? 영원히 그것을 반복한다고 했을 때 나는 얼마나 참혹한가?

역으로 생각해보자. 내가 오늘 이 아픔에 당당히 맞서 더 유용한 선택을 하고, 더 슬기롭게 나머지 인생을 연출해나간다면, 그래서 매 순간을 더욱 기쁨에 넘치는 삶을 살다 죽는다면, 그러면 나는 다시 태어나서도 오늘 같은 위기에 봉착할 것이지만, 또 슬기롭게 헤쳐나갈 것이고 또 기쁨을 만끽하다 죽게 될 것이다. 나는 또다시 태어날 것이고 또다시 아픔에 맞서 바람직한 선택을 하고, 또 행복이 충만한 삶을 살다 죽게 될 것이다. 아! 생각만 해도 얼마나 다시 살아볼 만한 인생인가?

그러면 자연히 깨닫게 된다. 오직 한 번뿐인 이 삶을, 나는 그렇게 원하지 않는 선택들로 마무리 지으려 했다는 사실을……. 그러면 이제 자연스럽게 스스로에게 묻게 된다.

하나뿐인 인생을 그렇게 후회하는 삶으로 만들고 싶은가? 다시 살고 싶은 삶으로 만들고 싶은가?

영원회귀의 사유 실험이 던지는 질문의 핵심도 바로 이것이다.

'또다시 살 만한 삶을 살고 있는가?' 즉, '또다시 살 만큼 충분히 만족할 만한 삶을 살고 있는가'를 스스로에게 묻는 것이다. 다시 살고 싶지 않은 삶을 살고 있다면, 최선의 삶을 살고 있지 않음이 분명하다. 그렇게 우리 삶이 무한히 반복된다고 상상하는 순간, 우리가 어떻게 살아야 할지 아주 자명해진다.

자! 이제 어떤 삶을 살아야 할까? 우리 스스로에게 다시 물을 차례다.

삶의
최대 중량

영원회귀 사상은 니체 사상의 핵심 중 하나이며 가장 독특한 사고 기제다. 삶의 영원회귀 이야기를 니체의 목소리로 직접 들어보자!

어느 날 낮, 혹은 어느 날 밤에 악령이 찾아와 너의 가장 깊은 고독에게 이렇게 말한다면 그대는 어떻게 할 것인가. "네가 이제까지 살아왔고 지금도 살고 있는 이 삶을, 다시 한 번 살아야 하고, 더 나아가 무한히 반복해서 살아야만 한다면. 거기에 새로운 것이라고는 찾아볼 수 없으며, 모든 고통, 모든 쾌락, 모든 사상과 모든 탄식들이, 네 삶에 행해졌던 헤아릴 수 없는 크고 작은 모든 것들이 네게 다시 찾아온다면. 그 모든 것들이 하나도 빠짐없이 같은 차례와 순서로 다시 찾아온다면. 나무들 사이의 이 거미와 이 달빛, 그리고 이 순간과 바로 나 자신도. 현존재의 영원한 모래시계가 끝없이 뒤집히고 세워지기를 반복하고 티끌 중의 티끌인 너도 모래시계와 더불어 그렇게 된다면!"

그대는 그대 자신을 땅에 내던지고 그렇게 말하는 악령에게 이를 갈며 저주를 퍼부을 것인가? 아니면 악령에게 다음과 같이 대답하는 엄청난 순간을 경험할 것인가? "너는 신이다. 나는 이보다 더 신성한 이야기를 들어보지 못했다!"

바로 이런 생각이 그대를 지배하면, 그것은 지금의 그대를 변화시킬 것이고, 아마도 해체시킬 것이다. "너는 지금 이 삶을 다시 한 번, 그리고 무수히 반복해서 다시 살기를 바라는가?"

바로 이 질문은 모든 순간에 최대의 중량으로 그대의 행위 위에 얹힐 것이다! 이 최종적이고 영원한 확인과 봉인 외에는 더 이상 아무것도 요구하지 않기 위해서, 그대는 어떻게 그대 자신과 그대의 삶을 만들어가야 하겠는가? -「즐거운 학문」

제4장

나답게
산다는 것은

나는 가르친다!
고귀한 자와 비천한 자가 있다는 것을,
그리고 어떤 상황에서는 단 한 명의 개인이라도
수천 년에 이르는 실존을
전부 정당화시킬 수 있다는 것을.

—「힘에의 의지」

어떻게
나답게 살 것인가

신은 죽었지만 여전히 신의 그림자는 우리 삶의 곳곳에서 우리를 옭아매고 있다. 가정에서, 학교에서, 직장에서, 그리고 사람들과 함께하는 모든 자리에서 우리는 보이지 않는 관습과 의무에 휘둘리고 있다. 혼자 있든, 함께 있든 그 순간순간 해야 할 의무들과 지켜야 할 체면, 언제부터인지 자리잡은 끈질긴 신념들이 따라다닌다.

어떤 것에 대해 갑자기 질문을 받았을 때, 보통 우리에게 떠오르는 최초의 견해는 우리 자신의 견해가 아니다. 그것은 오히려 우리의 계급, 우리의 지위, 우리의 출신에 속하는 일반적인 견해일 뿐이다. 우리 자신의 견해가 쉽게 드러나는 경우는 드물다. ―『인간적인,

문제는 그것들이 우리를 끝없이 비교하게 하고, 주눅 들게 하며 지치게 한다는 것. 그것들은 우리의 진정한 욕구나 현실적 필요들을 가려 왜곡시키고 원하지 않는 삶을 당연한 듯 살아가게 한다. 도대체 누구의 삶을 사는 것인지, 무엇에 만족하며 사는 것인지 알 수 없다. 마음속 깊이 심리적 저항과 허탈감만이 따라다닌다. 그래서 말한다. 삶이란 원래 이런 것이라고. 삶은 고역이라고! 인생은 허무한 것이라고!

하지만 니체는 원래의 제대로 된 삶은 그 반대라고 말한다.

하지만 우리는 용감할 때 결코 그렇게 생각하지 않는다. 우리는 오히려 그것에 관해 생각하지 않는 것이다. ─「즐거운 학문」

언제나 호기심이 가득하고, 즐거운 것이며, 희망에 차고 기대가 돼서 매 순간 삶을 갈망하는 것이라고. 그래서 고통과 허무의 구렁텅이에서 우리를 끌어올리기 위해 니체가 보여준 것이 '초인'인 것이다.

니체는 신을 거부하고 스스로가 법을 세워 자기답게 살아야 한다고 외쳤다. 자기를 부정하고 외면할 것이 아니라 매 순간 긍정으로 맞서라고 말한다. 살아 있다는 사실에 기뻐하고 그 기쁨을 만끽하라고 말한다. 이것이 '초인'이다.

나의 가르침은 이것이다. 사람들이 건전하고 건강하게 자기 자신을 사랑하는 법을 배워야 한다는 것! 자기 자신을 참고 견뎌내면서 쓸데없이 방황하는 일이 없어야 하기 때문이다. ─『차라투스트라는 이렇게 말했다』

우리는 이로써 초인 사상을 충분히 이해했다. 이제 우리는 쉽게 방향을 정할 수 있고, 우리 역시 초인을 꿈꿀 수 있다. 실천하는 것만 남았다. 분명한 것은 그것을 우리가 머리로 이해했다는 것이다. 무엇이 니체의 철학이고 초인이 어떻게 나타난 것인지를 우리는 이성적인 논리에 의해 머리로 이해할 수 있게 되었다. 이제 실천을 통해 니체의 초인 사상을 내 삶에 적용하고 또 내가 초인으로 거듭나야 한다. 여기서 간과하지 말아야 할 것은 바로 '거듭난다'는 것. 그것은 머리로 이해하는 것이 아니라 몸이 변하는 것이다. 그저 '초인이 어떻게 되느냐'를 아는 것이 아니라, 초인처럼 느끼고 초인처럼 반응하는 것이다.

니체가 어떻게 쉽게 흔들리지 않는 자존감을 얻게 되었는지 상기해보자! 그것은 그저 지식이 바뀌는 것이 아니라 어마어마한 고통을 통해 몸이 바뀐 것이었다. 앞서 예를 든 것처럼 표범이 나무늘보가 되는 것이고, 그래서 더 이상 달리고 싶지 않은 상태가 되는 것이다. 부정적인 사람이 긍정하려고 애쓰는 게 아니라 그저 사는 게 즐거워 기쁜 사람의 감각으로 바뀌어버리는 것이다. 생각이 아니라 감정과 감정 반응이, 또 몸이 변해야 한다. 달리 니체의 사상을 몸의 사상이라고 부르겠는가.

누군가는 이 순간 황당한 소리라고 폄하할지 모르겠다. 하지만 그것은 가능하다. 이제껏 수많은 임상심리 결과가 그것을 증명한다. 수많은 사람들이 자신의 감정 반응을 바꾸고 몸의 감각을 바꾸어 저절로 우러나는 긍정을 만끽하고 산다. 무엇보다 몸의 반응이 바뀌어야만 더 이상 흔들리지 않는 견고한 자존감을 소유할 수 있다. 살아 있음을 기쁘게 받아들이고 긍정하는 감정 반응을 가져야만 더 이상 자기 부정으로 후퇴하지 않기 때문이다.

그렇기에 이제 우리에게는 심리학자로서의 니체가 필요하다. 그것은 단순한 이해의 문제가 아니라 심리적 변화의 문제이기 때문이다. 생각의 문제가 아니라 감정과 몸의 변화에 대한 문제이기 때문이다. 니체 철학의 힘 또한 인간의 심리에 대한 깊은 통찰, 즉 심리학에서 온 것이 아닌가. 그가 스스로를 심리학자라고 자칭한 것은 결코 빈말이 아니다. 앞서 "니체 철학의 심리학적 성격을 간과한다면 니체를 오해할 수밖에 없다"는 카우프만의 말을 되새겨보자.

이렇게 언어를 넘어 몸을 변화시킬 수 있는 것이 니체 철학이다. 이 책에서는 이러한 니체 철학의 심리학적인 면모를 이해하고, 실제로 생활 속에서 몸의 반응을 바꾸기 위해 칼 로저스의 심리 이론을 빌려와 설명하고자 한다.

칼 로저스는 랑크에 의해 니체의 사상을 이어받은 심리학자이다.✦ 프로이트의 제자들 중 가장 뛰어난 니체 전문가였던 랑크의 사상이 제자들을 매개로 로저스에게 이어진 것이다. 로저스는 니체 사상에 수많은 임상심리학적 경험과 현대 상담기술의

✦ 칼 로저스는 자신의 연구 활동의 가장 역동적인 시기에 랑크의 제자들과 함께 활동했다. 랑크의 제자인 엘리자베스 데이비스(Elizabeth Davis)와 그의 동료들의 견해는 로저스의 사상과 임상 활동에 자연스럽게 녹아들었으며, 랑크의 생애사를 저술한 제시 태프트(Jessie Taft)의 업적에서도 많은 영향을 받았다. 로저스는 직접 자신이 제시 태프트에게 빚지고 있으며 '랑크 계열의 사상에 물들어 있음'을 공식적으로 인정하기도 했다.
로저스는 인간 중심의 심리학, 대화치료를 창시했으며, 현대 상담심리의 근본을 구축해놓았다. 정신분석의 거장이 프로이트이고, 행동심리학의 거장이 스키너라면, 현대 심리학의 나머지 한 분파인 인본주의 심리학의 가장 대표적인 거장이 로저스이다. 보통 이 세 사람이 심리학 및 심리치료의 주된 흐름을 대표한다. 그는 죽기 직전 미국에서 프로이트를 뛰어넘는 가장 영향력 있는 심리학자로 칭송받았으며, 2012년 영국의 심리 상담의 경우만 보더라도 70%가 로저리안이었다(Dave Mearns, Brian Thorne 공저, 『인간중심 상담의 임상적 적용』, 주은선 옮김, 학지사, 2012).

표본이 된 자신만의 대화법을 접목해 인간 중심의 심리학을 구축해냈다. 많은 사람들에게서 마치 초인을 연상케 하는 놀라운 긍정과 자존감을 회복시켜온 그의 심리 기법과 이론들을 통해, 우리는 니체 사상의 핵심인 '초인'의 실천 방법들을 더 쉽고 생생하게 배울 수 있을 것이다.

로저스의
칼

니체는 말한다. 신과 형이상학이라는 하나의 진리, 하나의 해석에 종언을 고하고, 그것으로부터 자유로워지라고. 하지만 그것만큼 끈질기게 남아서 우리를 옭아매는 것이 또 어디 있겠는가. 그래서 니체가 그 끈질긴 그림자들을 그토록 우려하고 또 질타하지 않았던가.

부처가 죽은 후에도 수백 년 동안, 사람들은 동굴 안에 그의 그림자를 안치시켰다. 거대하고 섬뜩한 그 그림자를. 신은 죽었다. 그러나 인간의 방식이란 것이 그러하듯, 앞으로 수천 년 동안에도 그의 그림자를 안치한 동굴은 여전히 존재할 것이다. 그러므로 우리는 계속 신의 이 그림자를 정복해야만 한다. ―「즐거운 학문」

그래서 니체는 해머를 들었던 것이다. '철저하고 냉철한 분석'이라는 해머를. 그 파괴력은 근대라는 거대한 사유체계를 부술 만큼 어마어마한 것이었다. 하지만 우리가 그 모든 것을 일일이 이해하고 숙고하기엔 너무나 방대한 양에 근거하고 있있다. 또한 때때로 너무 치밀하거나 때때로 너무 간결하고 모호하기조차 하다. 그만큼 그것을 이해하는 데 있어 많은 시간과 노력을 요하는 것이기도 하다.

다행히 우리는 심리학자 로저스의 '섬 사상'을 통해 하나의 진리, 하나의 해석으로부터 언제든지 쉽게 빠져나올 수 있다. 우리는 그의 '섬 사상'이라는 간단명료한 칼을 가지고, 니체의 해머와 같이 끈질긴 그림자들을 떨쳐내는 작업을 시도할 수 있다. 니체의 해머가 너무나 막강하여 기존의 모든 가치들을 부수고 전복해버리는 것이라면, 로저스의 칼은 그저 간단하게 한번 획 휘두름으로 끈질기게 우리를 옭아매온 관습과 관념의 매듭을 한 순간에 싹둑 잘라내는 것이다. 그렇게 가볍게 매 순간 질긴 그림자를 떨쳐낼 수 있게 하는 것, 그것이 바로 '섬 사상'이다.

섬 사상은 아주 간단하고 이해하기도 쉽다. 그저 말 그대로 우리 자신을 하나의 '섬'으로 여기면 된다. 나는 하나의 섬이고, 당신도 하나의 섬이다. 지위가 높은 권력자도 철없는 어린아이도 모두 그저 각자가 하나의 섬이라고 전제하는 것이다. 이들은 결코 하나로 묶어 대륙으로 만들 수 없다. 이들은 끝끝내 섬인 것이다. 우리가 할 수 있는 것은 기껏해야 간혹 서로 왕래할 다리를 놓을 수 있을 뿐.

이 말은 우리 한 사람, 한 사람은 각자 타고난 환경과 체질, 성향, 매 순간 부딪히는 인생 경험들이 너무나 다르기 때문에 결코 같을 수 없다는 것을 말한다. 결코 그 누구도 똑같은 생각, 똑같은 경험, 똑같은 상황에 놓일 수 없기 때문에, 그 누구도 하나로 묶어 말할 수 없다는 것이다. 공통점을 찾고 논리적으로 꿰어 맞추다 보면 어떻게든 하나로 묶어낼 수 있을 것 같지만, 모든 것을 자신의 지평으로밖에 볼 수 없는 모든 개인들은 그렇게 온전히 하나로 묶일 수 없는 것이다. 우리는 결코 하나가 될 수 없기에 그저 가끔 다리를 놓듯 소통을 할 뿐이다. 아무리 소통을 한다 해도 우리는 여전히 섬일 뿐, 대륙이 아니라고 강조하고 또 강조하는 것이다. 이런 개인의 인식에서의 한계는 니체의 글에서도 역력히 드러난다.

내 눈이 좋든 나쁘든 나는 지금 아주 가까운 거리밖에 보지 못한다. 내가 활동하고 살아가는 공간이라는 것은 이렇듯 협소한 곳에 불과하다. 이 지평선이 크고 작은 내 운명을 직접적으로 규정하고, 나는 이 운명에서 벗어날 수 없다. 이처럼 모든 존재는 자기 자신의 고유한 하나의 원에 둘러싸여 있으며, 그 원의 중심에 서 있다. 귀 역시 우리를 작은 공간에 가두며, 촉각도 매한가지이다. 그렇게 우리의 감각은 우리를 감옥과 같은 작은 벽 안에 가두고, 우리는 이런 지평에 따라 세계를 측정하고서 이것은 가깝고 저것은 멀다, 이것은 크고 저것은 작다고 부르는 것이다. (…) 바로 이런 감각기관들이 우리의 모든 판단과 '인식'의 기초가 되는 것이다. 이것에서 벗어날 수 있는 방법은 아무것도 없다. 실제 세계로 나아갈 수 있는 뒷길도 샛길도 우리에겐 없는 것이다! 우리는 자신의 그물 안에 갇혀 있다. 우리라는 거미는 이 그물 안에서 무엇을 잡든, 결국 우리의 그물 안에 걸려드는 것 이외에는 그 어떤 것도 잡을 수 없는 것이다. ―「아침놀」

우리는 그 누구도 같을 수 없고 같게 느낄 수 없다. 그렇기 때문에 그 어떤 것도 온전히 똑같이 이해하거나 해석할 수 없다. 얼핏 완전히 똑같이 이해한 것 같은 느낌을 받아도 이미 많은 부분은 상당히 다른 것이다. 예를 들어 A는 '눈'을 지칭하며 눈동자와 그 시선에 대해 말하고 있다. 그런데 B는 '눈'을 지칭하며 눈의 전체적 모양과 눈의 색깔, 속눈썹의 모양 등을 떠올리고 있다. 똑같이 눈의 능력을 말해도 A는 눈이 얼마나 멀리 볼 수 있는지를 떠올리고, B는 눈이 얼마나 많은 색을 식별할 수 있는지에 초점을 맞추고 있을 수도 있다. '눈'이라는 단어 하나를 소통하는 데에도 이렇게 다른 부분들이 존재하기 마련이다. 그것이 우리의 대화다.

게다가 우리는 이제껏 느끼고 기억해왔던 것들조차 서로 다르지 않은가. 중요시하는 것도 처해 있는 입장도 다르기 십상이다. 그러니 어떻게 하나의 동일한 대화가 가능하겠는가.

그러므로 온전한 소통이 불가능하고, 온전히 객관적인 하나의 해석도 존재할 수 없다. 어떠한 사실도 절대적 사실이라 확신할 수 없고, 그 어떤 진리도 절대적 진리라 확신할 수 없는 것이다. 세상의 실체가 그러하므로 우리 또한 그에 알맞게 세상을 보아야 한다. 그러기 위해 니체는 냉철한 분석이라는 해머를 들었던 게 아닌가.

이제 우리는 로저스의 '섬 사상'이라는 칼을 들고 그런 진정한 현실에 어울리는 해석을 해야 한다. 실제로 생활 속에서 섬 사상을 적용하게 되면, 이제 더 이상 하나의 진리, 하나의 해석이란 존재하지 않게 된다.

'한 사람한테 옳은 것은
다른 사람에게도 옳다'는 생각이,
얼마나 부도덕한 것인지를
깨닫게 해야 하는 것이다.

ㅡ『선악의 저편』

이 해석도 옳은 해석일 수 있고, 저 해석도 결코 틀린 해석이라고 장담할 수 없기 때문이다. 그렇기 때문에 이 진리도 진리일 수 있고, 저 진리도 진리일 수 있는 것이다. 절대적 진리, 하나의 진리, 영원한 진리가 버틸 수 없는 토양이 되어버린다. 절대적 신이나 하나의 형이상학이 우리를 지배할 수 없는 터전이 되어버리는 것이다. 그러므로 우린 모든 것을 열어놓고 다양한 해석, 다양한 눈으로 접근하게 된다.

하나의 대상을 보는 데 있어서 많은 다양한 눈을 사용할수록, 그 대상에 대한 우리의 '개념'과 '객관성'은 더욱더 완벽해진다. ─「도덕의 계보」

우리는 이제 자연스럽게 맹목적인 어떤 것, 사회나 사람들이 암묵적으로 요구해온 것들로부터 비교적 자유로워질 수 있다. 그들이 맞을 수도 있지만, 나 역시 맞을 수 있기 때문이다. 그들과 나는 결코 모든 것이 똑같을 수 없기 때문이다. 더 이상 하나의 절대적 기준도, 하나의 절대적 도덕도 인정할 수 없게 된 것이다.

우리는 획일된 도덕을 시정하지 않으면 안 된다. 그래서 '한 사람 한테 옳은 것은 다른 사람에게도 옳다'는 생각이, 얼마나 부도덕한 것인지를 깨닫게 해야 하는 것이다. _「선악의 저편」

섬 사상을 생활 속에서 실천하는 것이야말로 그 어떤 지배적 생각이나 해석으로부터 자유로워지는 길이다. 단 하나의 사건 앞에서도 천 개의 눈, 천 개의 방식을 갖는 가장 확실한 방법인 셈이다.

다재다능한
섬 사상

섬 사상을 간단하게 말해보면 이렇다.

'너는 너, 나는 나!'

'네 생각과 내 생각은 다르다!'

'너와 나는 다르고, 결코 같을 수 없다!'

이런 사고방식은 누가 봐도 새롭지도 않고 대단한 사상처럼 보이지도 않는다. 누구나 할 수 있는 생각이고, 또 누구나 종종 해왔던 생각이다.

하지만 바로 이렇게 간단한 섬 사상이 생각지도 않은 많은 일들을 해내고, 모든 관념들과 규범들로부터 우리를 자유롭게 한다. 실제로 '섬 사상'은 마법사의 요술약 같아서 생활 속에서 부딪히는 많은 일들을 쉽게 해결해준다.

예를 들어 "남들이 당신을 어떻게 생각하는지 너무 연연해하지 마라" "당신이 동의하지 않는 한 이 세상 그 누구도 당신의 가치를 깎아내릴 수 없다" "세상 사람이 다 나를 좋아해줄 필요는 없다" "딱 10초만 미친 척하고 용기를 내보자!"와 같은 긍정의 말들은 우리가 생활 속에서 흔히 접할 수 있다. 남의 눈치를 자주 보거나 쉽게 주눅 드는 사람들에게 감명을 주는 말들이기에 많은 사람들이 마음에 담는 말들이기도 하다.

하지만 막상 곤란한 상황에 맞닥뜨리게 되면 이런 좋은 말들이 잘 떠오르지 않는 게 현실이다.

누군가와 자꾸 비교하며 나를 부정적으로 바라보게 될 때, 나는 하고 싶지 않은데 자신도 모르게 다른 사람에게 끌려가고 있을 때, 나의 진짜 속마음을 말하고 싶지만 눈치가 보이고 용기가 없을 때, 이 섬 사상 하나만 기억한다면 오히려 쉽게 마음의 저항을 떨쳐낼 수 있다.

'나는 나, 너는 너!'라는 생각이 자리 잡고 있으면, 자연스럽게 내가 가진 생각과 행동들에 대해 당당해진다. 눈치를 보거나 주눅 들 일이 없어진다. 상대방의 생각도 맞을 수 있지만, 내 생각 역시 맞을 수 있기 때문이다. 그 누구도 내 생각이 틀렸다고 확신할 수 없는데, 내가 주눅 들 이유가 어디 있겠는가. 주눅 들

필요가 없는데 괜히 용기를 낸다고 곤욕을 치를 필요도 없다.

섬 사상에 충실하다 보면 남이 나를 어떻게 생각하는지에 대해서도 연연하지 않게 된다. 어차피 나의 입장은 나의 입장이고, 너의 입장은 너의 입장이기 때문이다. 그 누가 나를 업신여기려 해도 그것은 기껏해야 그 사람 하나의 관점에 불과하기에, 결코 크게 마음을 쓰지 않게 되는 것이다. 누구나 생각도 입장도 다르기에 결코 모두가 나를 좋아하거나 반겨주기를 원하지도 않게 된다. 그런 것은 애당초 가능하지도 않다는 것을 잘 알고 있기 때문이다.

물론 그 반대의 상황도 가능하다. 즉 내가 맞을 수 있지만 타인도 얼마든지 맞을 수 있기 때문이다. 내 생각에도 이유가 있지만 타인의 생각이나 행동에도 나름대로 이유가 있을 수 있다는 것이다. 이런 전제는 상대방에게도 나름대로의 사정이 있음을 가늠하게 하고, 상대를 더 많이 이해하려는 여유를 갖게 한다. 또한 자연스럽게 상대방을 열린 관점으로 보게 해주며, 더 나아가 많은 마찰들을 피하게 해준다. 자신에 대해 열린 입장을 취하는 사람에게 비판하거나 마찰을 일으키고 싶은 사람은 거의 없기 때문이다. 오히려 상대방은 열린 입장을 가진 우리에게 더 적극적으로 귀를 기울이게 될 것이다.

그래서 섬 사상을 자주 이용하면 서서히 고집이 없어지고 좀 더 열린 자세를 갖게 되며, 자기표현이 정확해진다. 고집을 부리기보다 상대를 이해하고자 하고, 눈치를 보기보다 정확히 자기 자신을 표현하려 하기 때문이다.

이 간단한 방법, 이 단순한 진실 하나를 기억해내지 못한다면 우리는 수없이 눈치를 보고 수없이 스스로를 타인과 비교할 수밖에 없다. 또 수시로 관념과 규범의 덫에 걸리고, 자신의 진정한 모습을 보는 데 실패하게 된다.

놀라운 것은 우리가 섬 사상을 가지고 옳고 그름을 넘어 선악의 경계까지도 뛰어넘을 수 있다. 이는 내가 평소 잘못됐다고 확신하던 것에도 귀를 열어 이해하려 하고, 악이라고 규정했던 것에서도 선의 가능성을 보고자 하기 때문이다.

선과 악을 나타내는 이름이란 결국 모두 비유에 불과하다. 이름들은 눈짓을 할 뿐, 말로 표현하지 않는다. 그러므로 이런 이름들에서 지식을 얻으려는 자는 바보인 것이다. ─『차라투스트라는 이렇게 말했다』

선악의 경계가 무너진다는 것은 나에게 완고했던 기준들이 헐

거워지는 것이다. 꼭 지켜야 한다고 믿었던 신념이 하나의 견해에 불과할 수 있다는 것을 알게 되고, 그 반대도 가능할 수 있음을 보게 되는 것이다. 그래서 이제껏 부정적이라고 여겼던 자신의 생각과 행동이 더 이상 선한 것도 악한 것도 아닌 것이 되는데, 그 결과 스스로가 자신의 생각과 감정들을 비난하지 않고 기꺼이 바라볼 수 있게 된다.

이 점이 아주 중요한 변곡점이다. 자신의 생각과 감정들이 누구나 가질 수 있는 하나의 입장이고, 그래서 결코 비난받거나 비판받을 것이 아니라는 사실을 알게 된다. 이렇게 자기 자신의 부정적인 면조차 당연하게 받아들이기 시작할 때, 우리는 진짜 자신을 받아들이기 시작한다. 우리가 자신을 부정하지 않게 될 때 자신에 대한 진정한 신뢰가 싹틀 수 있는 것이다. 물론 이런 신뢰야말로 두말할 나위 없이 진짜 자존감이다.

진정한 변화를
시작하자!

섬 사상이라는 칼을 가졌다면, 이제 우리는 진정한 자존감을 찾아 나설 수 있는 모든 준비를 마친 것이다. 신의 질긴 그림자들을 생활 속에서 맞닥뜨리는 대로 하나하나 해체할 것이고, 자신이 누구인지를 좀 더 잘 알기 시작할 것이다. 이미 진정한 자신을 볼 준비 또한 마친 것이다. 그리고 마침내 우리는 쉽게 흔들리지 않는 자존감을 소유하게 될 것이고, 삶의 기쁨을 만끽하고 자신을 더욱 발전시키고자 하는 살아 숨쉬는 생명력과 긍정의 마음을 지니게 될 것이다.

그 놀라운 여행에 앞서 이해를 돕기 위해 로드맵을 한 번 살펴보기로 하자. 그 여정은 마치 니체의 삶과 닮아 있다.

니체는 오랫동안 고통에 시달렸으며, 방대한 문헌학적 지식과 쇼펜하우어라는 스승이 있었다. 그리고 끝없는 고통 속에서 어느 날 '정신적 단절'을 겪게 된다. 그 정신적 단절은 그동안 그가 가졌던 생각을 낯설게 하고, 전혀 새로운 관점을 가지게 했다. '새로운 인식' '새로운 가치관'이 생긴 것이다. 이때 과거의 옳고 그름이나 아름답고 추한 것에 대한 생각들이 바뀌게 된다. 그리고 마침내 '몸이 바뀌게' 된다. 몸이 바뀌자 모든 것이 전혀 다르게 느껴진다. 햇살 하나, 빵 한 조각도 너무나 따사롭고 달콤하다. 그토록 고통스럽고 허무하기만 하던 삶도 한순간도 놓치고 싶지 않을 만큼 값지고 아름다운 시간들로 변해버린다. 살아 있다는 것은 축복이고, 그 축복은 삶을 살 만한 것으로 만든다. 이전의 삶을 포기하려는 생각이 바뀌어 좀 더 생생하고 활기차게 삶을 만끽하고 싶다는 욕망으로 가득 찬다. 허무주의는 간 데 없고 '삶의 긍정'만 가득 차게 된다.

우리가 심리학적 측면에서 자존감을 획득하는 과정 또한 니체

의 변화 과정과 거의 유사하다.

다양한 고정관념과 관습에 길들여진 우리가 매 순간 섬 사상을 적극적으로 이용한다면 나 자신을 좀 더 자유롭게 만들고, 못난 나든, 잘난 나든 기꺼이 자신을 이해하고 받아들이기 시작한다. 그러면 서서히 '정서적 수용'이 일어나는데, 이는 마치 니체의 정신적 단절과 같다. 이때 자신이 가졌던 생각과는 다른 '새로운 인식'이 마음에 싹트고, 서서히 선악을 넘어서는 자신을 보게 된다. 이것이 익숙해질수록 서서히 진짜 자신인 '몸을 직접 보고, 몸의 소리를 직접 듣는 단계'로 접어들게 된다. 이런 '몸의 수용'은 니체의 몸의 변화에 준하는 단계인 것이다. 우리가 서서히 몸의 소리를 충분히 들을 수 있게 되면 아우성치던 몸의 외침들이 해소되고, '몸이 바뀌는 경험'을 하기 시작한다. 그러면서 점점 더 온전히 자신의 몸을 받아들이게 되는데, 그것은 곧 '자신을 온전히 받아들이는 것'이다. 자신을 온전히 받아들일 수 있다는 것은 자신의 존재를 온전히 믿고 받아들일 수 있다는 것이고, 이것이 바로 쉽게 흔들리지 않는 '굳건한 자존감을 획득하는 길'인 것이다.

생각해보라! 언제나 모든 부분에서 온전히 내가 받아들일 만한 사람인데, 어떻게 나를 부정할 수 있겠는가? 나를 전혀 부정하지 않는데, 어떻게 쉽게 자존감이 흔들리거나 낮아질 수 있겠는가?

이때가 되면 마치 꽃이 스스로 피고자 갈망하듯 우리는 좀 더 발전적이고 좀 더 역동적인 사람이 되고자 스스로 노력하게 된다. 자신에게 끝없이 부정적이던 사람도 자신을 긍정적으로 좋게 허용하게 되며, 수시로 부정적이 되서 자존감이 낮아지던 사람들도 좀처럼 후퇴하지 않게 된다. 견고한 삶의 긍정이 생기고 쉽게 흔들리지 않는 자존감이 자연스럽게 생겼기 때문이다.

특히 우리는 여기서 몸의 수용 단계가 니체의 입법자의 단계임을 명확히 알아야 한다.

모든 신과 신의 가치로부터 자유로운 자는 자신이 법을 세우는 초인이 되는 것이기 때문이다. 그런데 무엇을 근거로 그 법을 세워야 한단 말인가? 바로 이때 몸이 그 중심에 서는 것이다.

과거에는 말과 이성이 중심에 섰었다. 말과 이성을 중심으로 듣고 배운 것들, 즉 사회가 요구해온 것과 주위에서 기대했던 것들이 그 법의 주인공들이었고, 자신과는 결코 어울리지 않아 나를 불편하게 만들고 왜곡했던 것들이다. 그러나 이제 말과 이성이 아닌 몸을 중심으로 그 법을 세워야 한다. 그것은 누구의 편견도 침입하지 않은 아주 순수한, 오직 나만의 감정과 욕망이 용솟음치는 그런 것들을 기준으로 새롭게 법을 세우는 것이다. 그렇게 오직 자신만의 법을 세움으로써 우리는 당당히 초인이 될 수 있다. 그 어떤 타인의 가치로부터도 자유로운 진정한 초인으로 거듭날 수 있는 것이다.

제5장

나의 감정과
마주하다

"내가 잘할 때는 침묵하자.
내가 못할 때는 웃어버리자.
그리고 더욱더 못해버리자!"

─『인간적인, 너무나 인간적인』

몰락을
두려워하지 마라

우리는 아주 오래전부터 옳은 것, 바람직한 것, 보기 좋고 우수한 것, 어른스러운 것 등 보통 사회의 통념과 주변의 상식에서 좋다고 여기는 것들을 추구해왔고, 그런 것들이 나를 표현하는 형용사가 되기를 바랐다. 그렇게 우리는 빛과 밝음을 추구해왔고 어둠과 부정적인 면들을 회피해왔다.

그러다 '나는 나, 너는 너'라는 섬 사상을 받아들이며 점점 익숙하게 되고 자연스러워질수록 타인의 눈치를 보지 않을 뿐 아니라, 우리의 부정적인 부분들까지도 얼마든지 그럴 수 있다고 허용할 수 있게 된다. 모두에게 절대적인 선이란 확신할 수 없으며, 옳고 그름 자체가 각자의 입장과 상황에 따라 얼마든지 다를 수 있음을 알아버렸기 때문이다. 이제 나는 얼마든지 옳지 않을 수도 있고, 꼭 바람직하지 않아도 되며, 월등하거나 보기 좋을 필요도 없다. 유치하면 유치한 대로 나는 그저 솔직한 나일 뿐이다. 그렇게 어둡고 악이었던 것들을 누구나 가질 수 있는 하나의 일면으로 인정하고 받아들이기 시작하는 것이다. 니체는 이것을 가리켜 '몰락'이라고 표현했고, 그런 몰락을 요구하기도 했다.

> 너에게는 너 자신을 버리고 몰락할 용기가 없다. 그래서 너는 결코 새로워지지 못하는 것이다. 오늘 우리에게 날개, 색, 옷, 힘이었던 것들이 내일은 그저 재가 되어야만 하는 것이다. ⌐「유고」

니체에게서 몰락은 상승과 대립하는 것이 아니다. 니체는 더 깊이 내려갈수록 더 높이 올라간다고 믿었다. 해가 뜨는 것과 해가 지는 것 또한 대립이 아니라고 생각했다. 그 모두 태양의 거대한 원운동의 일부분에 불과한 것이다.

> 그러기 위해 나는 저 아래로 깊이 내려가야 한다. 너 차고 넘치는 천체여! 네가 저녁마다 바다 저편으로 몰락해가며 하계에 빛을 가져다주듯 그렇게. ⌐「차라투스트라는 이렇게 말했다」

그러므로 그는 기꺼이 몰락할 수 있는 것이다. 몰락과 상승은 대립이 아니라 우리가 가지는 두 가지 이면에 불과하기 때문이다.

형이상학자들은 모든 가치들이 대립한다는 근본적인 믿음을 가지고 있다. (…) 우리는 다음의 사실을 의심해볼 수 있다. 첫째, 정말로 대립이라는 것이 존재하는가. 둘째, 형이상학자들이 보증하고 있는 저 대중적인 가치 평가와 가치 대립이 어쩌면 단지 표면적인 평가에 불과한 것은 아닌지, 단지 일시적인 관점에 불과한 것은 아닌지. (…) -「선악의 저편」

그러므로 우리는 기꺼이 우리가 가진 부정적인 것들, 나약한 것들, 유치한 것들 등을 모두 받아들이고 허용할 수 있다. 그렇게 기꺼이 몰락하면, 해가 지고 다시 뜨듯 우리는 다시 밝게 떠오를 것이다.

사람은 극복되어야 할 그 무엇이다. 몰락하고 있는 자는 저편으로 건너가고 있는 자기 자신을 축복하게 될 것이다. 그리고 그의 깨달음이라는 태양은 저 높이 중천에 떠 있는 것이다. -「차라투스트라는 이렇게 말했다」

하지만 새로 떠오른 태양은 과거의 태양이 아니다. 온갖 부정을 극복하고 태어난 더 밝고 더 긍정적인 태양인 것이다. 그렇게 우리가 스스로 몰락할 때, 스스로 자신의 부정적인 면들을 기꺼이 허용할 때, 우리는 더 발전하고 긍정적이 되며, 더 강해진다.

나무가 더욱 높고 환한 곳을 향해 뻗어나가려 하면 할수록, 그 뿌리는 더욱더 힘차게 땅속으로 저 아래로 어둠 속으로 지옥으로 악 속으로 뻗어 내려가기 마련이다. -「차라투스트라는 이렇게 말했다」

감정을
받아들여라

그렇다. 몰락은 선악을 넘어서는 방법이고, 더 강하게 다시 떠오르는 방법이다. 더 밝게 긍정하는 방법이다. 어쩌면 이미 당신은 섬 사상을 실행에 옮기면서 그 몰락을 익혀가고 있는지 모른다. 생각과 경험이 다르기에, 다소 부정적으로 보이거나 혹은 다소 어두워 보이는 나의 생각과 경험 또한 기꺼이 허용할 수 있다고 스스로에게 말해왔기 때문이다. 그래서 기꺼이 다르게 생각하거나 판단할 수 있다. 좀 더 삐딱할 수도 있고, 좀 더 탐욕스럽거나 유치할 수도 있다.

그러나 그것은 여전히 생각에 머물러 있고, 생각을 허용했을 뿐이다. 이제 진짜 몰락을 시작해야 한다. 그것은 나의 생각뿐 아니라 나의 감정까지도 몰락시키는 일이다. 그리고 기꺼이 그것을 받아들이고 수용하는 일이다. 우리가 수용해야 할 것은 단순한 이해가 아니라 정말 나 자신이어야 한다.

누군가는 반문할지 모른다. 인간은 이성적 동물이고, 우리는 이성을 통해 우리의 문제를 해결해야 한다고. 감정이란 한낱 이성의 지배를 받아야 하는 나약한 본능일 뿐이라고.

하지만 오늘날 최첨단 뇌 과학은 완전히 독립된 이성이나 논리는 존재하지 않는다고 단언한다. 이성을 담당하는 대뇌피질조차 끊임없이 감정에 물들게 되어 있다고 보고하고 있다.

중요한 점은 감정이 원래 타고난 우리 몸의 경보 신호라는 점이다. 우리는 포식자가 나타나면 두려움의 감정이 일어나고 적과 싸워야 할 때는 분노의 감정이 생긴다. 썩은 고기나 더러운 것에는 혐오감이, 동료들과 어울리지 못할 때는 외로움이 사무친다. 또 행복감이나 사랑의 감정은 그 상태를 좀 더 오래 유지하게 하고 타인들과 함께 어울리게 한다.

이렇듯 감정과 느낌은 우리가 행동하는 데 꼭 필요한 정보를 보내고, 우리는 이를 알아채고 행동에 옮기면서 생존해올 수 있었다. 인류는 인간으로 분화하기 훨씬 이전부터 이런 감정의 신호들에 의존해왔다. 그만큼 감정은 우리 자신과 떼려야 뗄 수 없는 관계이며, 우리의 타고난 반응 그대로를 담아내고 있는 것이기도 하다. 우리가 이러한 감정을 잘 살핀다면 우리 자신의 진정한 욕구와 반응들을 더 잘 볼 수 있게 되고, 반대로 이를 무시하면 우리 자신이 보내는 무수한 신호들을 왜곡하고 억압하게 되는 것이다.

두려움이나 분노, 외로움 등 모든 감정은 필시 그 이유가 있어 생겨나고, 우리에게 그것을 알리기 위해 경보음을 울리는 것이다. 우리가 그것을 알아보고 어떤 형태로든 대처해주었을 때 그 감정은 해소되고 우리는 다시 안정을 찾고 평온을 얻을 수 있다. 감정이라는 것은 상황에 대한 경보 신호라서, 우리가 그 경보를 인식하면 제 역할을 다하고 사라지는 경향이 있기 때문이다.

반면 이를 무시하고 억압하면 그것은 사라지는 것이 아니라 우리 안에 억압되고 축적되어버린다. 그것이 차곡차곡 쌓이면 마음은 더 왜곡되고 분출되기만을 기다리게 되는데, 심해지면 '화병'과 같은 몸의 이상 증후나 통증이 되기도 한다.

내 마음속에는 억제되지 않은 것, 억제될 수 없는 것이 있다. 이제 그것이 큰 소리로 말하려고 한다. _『차라투스트라는 이렇게 말했다』

내 마음속에는 억제되지 않은 것,
억제될 수 없는 것이 있다.
이제 그것이
큰 소리로 말하려고 한다.
―『차라투스트라는 이렇게 말했다』

그러므로 우리는 감정을 알아보고 받아들여야만 한다. 그것이 부정적이고 부끄러운 감정이라 할지라도, 기꺼이 몰락을 감행해야 한다. 그래야 그 부정적인 감정이 마음속에 갇혀 있지 않고 자유롭게 발산되고 날아가 버릴 수 있다. 특히 감정은 그저 표현해주고 알아봐주기만 해도 금세 변할 수 있다. 하지만 우리는 대부분 부정적인 감정을 부정하려 애쓰고, 빨리 사라지게 하고 싶어 그 감정을 회피하고 억압해버리는 경향이 있다. 결국 그 감정은 발산되어 사라지지 못하고 우리 안의 어딘가에 똬리를 틀고 앉아 분출될 날만을 기다리며 끙끙대고 있는 것이다.

그렇다면 어떻게 감정을 몰락시킬 수 있을까?

다행히 감정을 몰락으로 몰고 가는 방법은 간단하다. 그저 자신의 감정을 직시하고, 그것이 나의 감정임을 인정하면 된다. 물론 그 과정에서 앞서 익힌 섬 사상이 필요하다.

부정적인 감정이 생기면 항상 나 자신을 못나게 바라보게 되고, 그 못난 나의 모습을 회피하게 된다. 이때 '나는 나, 너는 너!' '이런 감정, 저런 감정'이 모두 가능하다는 섬 사상을 이용하면 그런 거부감을 대폭 완화시켜주기 때문이다.

'내가 어린아이같이 유치하네! 유치하면 좀 어때, 어차피 누구

나 가질 수 있는 하나의 감정인걸. 유치한 것일 수도 있지만 솔직한 것일 수도 있지!'

'아, 창피해죽겠네! 에휴, 창피하면 좀 어때! 창피함도 나의 감정인걸. 창피하다는 건 누구나 가질 수 있는 자연스러운 감정일 뿐이야.'

'저걸 정말 갖고 싶어! 좀 뻔뻔해 보이면 어때, 어차피 이게 내 본심이잖아! 다른 사람도 내 입장이라면 얼마든지 욕심낼 만하잖아. 내 본심을 애써 감출 필요는 없지. 뻔뻔한 걸 수도 있지만 솔직한 거야.'

이렇게 우리는 매 순간 우리의 감정에 대해 솔직히 말하고, 섬 사상을 이용하여 그 감정을 있는 그대로 인정할 수 있다.

포유류의
뇌

우리의 뇌는 크게 '파충류의 뇌' '포유류의 뇌' '인간의 뇌'로 구성되어 있다.

뇌의 가장 안쪽에 위치한 것이 뇌간^{brainstem}인데 숨을 쉬고, 체온과 맥박 등을 조절한다. 생명을 유지하는 데 가장 기본적인 기능을 하는 곳이다. 파충류의 뇌와 유사해 보통 '파충류의 뇌'라고 하는데, 진화의 과정에서 가장 먼저 등장해서 '원시뇌'라고도 불린다.

이 뇌간을 둘러싸고 있는 것이 변연계^{limbic system}이다. 감정과 느낌, 기억을 담당하는 곳이다. 고양이나 개가 화를 내거나 슬퍼할 수 있듯, 구 포유류의 뇌와 유사하기 때문에 '포유류의 뇌'라고 한다.

마지막으로 그 위를 아주 크게 덮고 있는 것이 대뇌피질^{neomammalian}
이다. 영장류의 특징인 언어와 논리적 추론 등을 담당하고 있어
'인간의 뇌' '이성의 뇌'라고도 부른다. 진화상으로도 가장 늦게
등장해서 신피질이라고도 하는데, 변연계에서 만들어지고 표현
되는 충동과 감정을 조절하는 기능을 한다.

우리가 눈여겨봐야 할 것은 감정과 충동을 총괄하는 변연계
이다. 이것이 이성의 뇌인 대뇌피질로 가는 통로에 떡하니 자리
잡고 있어, 이성의 뇌에 어떤 형태로든 영향을 미치기 때문이
다. 그래서 뇌과학 전문가 박문호 박사는 '인지처리 과정은 본질
적으로 감정에 물든 기억으로 구성된다'고 말한다. 이 포유류의
뇌의 작용이 매우 강해서 인지과정뿐 아니라 논리과정까지도 감
정에 물들게 한다는 것이다. 우리가 하는 논쟁들이 대부분 감정
적으로 흐르는 이유도 여기에 있다. 논리가 감정을 억누르기 힘
들다는 것은 신경세포의 수만 봐도 금방 확인이 된다. 대뇌피질
중 감정을 통제하는 전전두엽에서 편도체로 나가는 신경섬유의
수보다, 편도체에서 전전두엽으로 들어오는 신경섬유의 수가
훨씬 많기 때문이다.

실제로 변연계가 차분해지면 전전두엽이 애써 의도하지 않아

도 우리는 긍정적으로 되고 희망적으로 세상을 본다. 반대로 변연계가 지나치게 활성화되면, 많은 노력을 기울여도 쉽게 불안해지고 부정적인 마음을 떨쳐버리지 못한다. 결국 완전히 독립된 이성이나 논리는 존재하기 힘든 것이다. 어떻게든 감정이 개입될 수밖에 없다.

이런 변연계는 또 뇌간과 몸 전체와도 직접 연결되어 있어 몸에 바로 반응이 일어난다. 사랑하는 대상을 보면 심장이 뛰고, 어려운 사람 앞에서는 심장이 조여들고 땀이 나는 등 무수히 많은 몸의 반응이 다 그런 것들이다.

이것이 우리가 감정과 몸을 바라봐야 하는 뇌 과학적인 이유이다.

가치라는 것은 새로운 축복이, 새로운 감정이 발견된 곳에 내걸리는 깃발인 것이다. ㅡ『힘에의 의지』

좀 더 솔직하게,
좀 더 일치성 있게

웃기는 영화를 보면 그냥 웃으면 된다.

슬픈 드라마를 보면 그냥 슬퍼하면 된다.

좋은 책, 좋은 음악을 만나면 그냥 그대로 즐기면 된다.

이 영화는 감독이 누구라서 미장센이 어쩌고

이 드라마에 출연하는 배우는 연기가 어쩌고,

이 책은 작가가 어떤 사람이고, 이 음악은 편곡이 어쩌고저쩌고.

－『나는 아직, 어른이 되려면 멀었다』

그저 느낀 대로 느끼면 된다. 그리고 그것을 스스로에게 말하고 표현하면 된다. 그럴수록 우리는 우리 자신을 더욱 잘 알게 되고, 실제 생활 속에서도 우리 자신을 더욱 잘 표현하게 된다. 말로는 아주 간단해 보인다. 그런데 그게 우리에게는 말처럼 그렇게 쉽게 되지는 않으니, 무엇이 문제인 걸까? 어쩌면 우리가 매 순간 명분을 끄집어내 이유를 찾으려 하고, 전문가의 말이나 권위자의 평가를 갖다 붙이려 애를 쓰고 있는 건 아닐까? 그러면서 자신의 진짜 모습을 보는 기회를 놓치고, 자신을 왜곡하며 타인의 기준에 다시 연연하는 건지도 모른다.

그래서 심리학자 로저스는 나의 마음과 나의 생각, 나의 표현이 일치해야 한다고 주장하며 '일치성'을 중요시 여겼다.◆ 일치성은 쉬운 말로 솔직함이라고 표현할 수도 있다. 나의 마음과 나의 생각이 일치한다는 것은 그 사이에 어떤 왜곡도 개입되지 않는다는 것이다. 나와 나 사이에 왜곡이 개입되지 않는다는 것은 있는 그대로의 나를 정확히 볼 수 있다는 말이기도 하다. 결국 일치성을 추구해야만 진짜 나와 만날 수 있다.

니체 또한 일치성으로 그의 주요한 과업을 완성해나갔다. 그의 냉철함은 사실 놀라울 만치 솔직한 그의 내면의 관찰에서 비

◆ 로저스의 심리학에서 일치성은 가장 중요하고도 가장 포괄적으로 적용되는 원칙이다. 내담자뿐 아니라, 상담자도 스스로의 감정과 생각이 스스로와 일치해야 한다. 그럴 때 꼭 닫고 있던 내담자의 마음이 열리기 때문이다. 내담자가 일치성을 가질 때 비로소 자신을 볼 수 있게 되고 치유가 이루어진다.

롯된 것이기 때문이다. 니체의 철학은 자신의 내면과 자신의 생각을 철저하게 끊임없이 일치시켜나간 결과물이다. 특히 『인간적인, 너무나 인간적인』은 그런 솔직함이 폭로해낸 인간 내면의 이중성과 왜곡에 대한 아포리즘이라 할 수 있다.

그렇기에 우리는 매 순간 자신의 진짜 감정, 진짜 생각이 무엇인지 점검해야 하며, 항상 일치성을 가지려고 노력해야 한다.

> 발과 눈은 거짓말을 해서는 안 된다. 그렇다고 거짓말을 했다고 서로를 꾸짖어도 안 된다. 하지만 작은 자들 중에는 거짓말쟁이가 너무 많다. -「차라투스트라는 이렇게 말했다」

일치성을 추구하는 것 또한 매우 간단하다. 유치한 마음이 생기면 그 유치한 감정을 있는 그대로 인정하면 된다. 창피한 마음이 일면 창피한 마음을 알고 인정하면 된다. 두려운 마음이 일면 두려운 감정이 있다는 사실을 직시하면 된다.

물론 그 과정에서 섬 사상의 도움은 필수적이다. 우리는 우리 자신을 볼 때 자신을 좀 더 좋게 생각하려 하고, 부정적으로 보지 않으려고 하기 때문이다. 이때 섬 사상이 왜곡을 떨쳐내도록 도와주는 것이다. 일례로 '질투심의 감정'을 예로 들어보자.

A와 B는 음식점을 한다. A가 음식 실력이 더 뛰어나 음식점에 손님이 더 많았다. 그런데 어느 날 B가 '웰빙 푸드'라는 이름을 내걸고 관심을 끌기 시작했다. TV에도 나오고 지역 채널에 광고도 하면서, 프랜차이즈 업체로 둔갑해 승승장구하게 된다.

A는 그런 B를 보면 기분이 좋지 않다. 자신보다 실력이 없는 사람이 더 잘나간다는 사실이 억울할 뿐이다. 아니, 음식은 맛이 최고지, 무슨 웰빙이란 말인가. 그런 포장된 말은 다 허위이고 거짓 광고가 아닌가. 거짓된 음식을 만드는 B도 문제지만 그런 것에 현혹되는 대중들도 한심해 보였다. A는 사람을 만날 때마다 그런 B를 비난하고 어리석은 대중들을 향해 한탄한다.

이때 A가 자신의 감정에 솔직했다면, 그는 자신이 질투하고 있다는 사실을 금방 알았을 것이다. 그리고 섬 사상을 이용해 자신이 얼마든지 질투할 수 있는 사람임을 인정했을 것이다. 그러면 이렇게 사는 방식도 있고 저렇게 사는 방식도 있다는 것을 직시했을 것이다. 결코 누가 틀리거나 누가 맞는 게 아닌 것이다. A가 감정을 솔직하게 들여다보고 상황을 직시하면 B처럼 뭔가 새로운 콘셉트로 자신의 식당을 바꿀 수도 있고, 더 좋은 음식을 개발하려는 의욕을 불태울 수도 있을지 모른다.

반대로 광고를 너무 많이 하는 B를 보며 거짓 광고가 위험할 수 있다는 사실을 직시하고, 그런 위험을 감수하느니 지금처럼 안정을 택하고 현재에 만족해할 수도 있다. 중요한 것은 자신을 왜곡하거나 타인을 비난하면서 많은 시간을 허비하지는 않을 거라는 사실이다.

물론 누군가는 이쯤에서 반론을 제기할 수 있다. 질투에 눈이 멀어 비난까지 하고 있는 사람이 어떻게 한가하게 자신의 그런 감정을 들여다볼 수 있을까? 질투라는 부정적인 감정에 휩싸인 사람이 정말 '나는 나, 너는 너'라는 단순한 생각 하나로 질투심을 쉽게 인정할 수 있게 될까?

사실 섬 사상이 있기에 우리가 좀 더 쉽게 질투심을 바라보고 인정할 수는 있지만, 모든 사람들이 그런 상황에서 그런 마음을 인정하는 것은 쉬운 일이 아니다. "질투심을 느끼면 어때!"라고 말하고 싶어도 너무 꽁꽁 싸매고 왜곡되어 있는 감정인 그 질투심 자체를 보기란 힘들 수도 있는 것이다. 그래서 의외로 너무나 많은 사람들이 감정을 왜곡하고 감정을 제대로 해소할 기회를 잃는 것도 사실이다.

그렇다. 그게 우리의 현실이다. 그렇기 때문에 우리는 여기서 좀 더 나아가야 한다. 이성이 비집고 들어와 감정을 왜곡시키는 그 틈을 없애기 위해, 솔직함에 저항하는 힘을 제거하기 위해.

이러한 현실의 문제인 감정의 왜곡과 솔직함에 저항을 거두게
하는 해결책이 바로 '몸'이다. 니체는 몸이야말로 더 큰 이성이
라 생각했고, 이성보다 훨씬 더 신뢰할 만한 것이라고 믿었다.

신체는 커다란 이성이고 하나의 의미를 가지면서도 그 자체가 이
미 다양성을 가진 것이다. 그것은 전쟁이자 평화고 가축 떼이자
동시에 목자다. 형제들이여! 너희가 '정신'이라고 부르는 그 작은
이성 또한 신체의 도구이다. 그것은 기껏해야 너의 커다란 이성의
작은 도구요 장난감에 불과한 것이다. ─「차라투스트라는 이렇게 말했다」

그러므로 감정을 정확히 알고자 할 때는 감정에 반응하는 몸
을 살펴보아야 한다. 그러면 이성의 왜곡이 힘을 잃게 될 것이
다. 이성이 아무리 거짓말을 하려고 해도, 이미 몸은 생생하게
감정을 반영하고 있기 때문이다.

질투에 불탄 A가 자신의 몸을 보면, 몸에서 뭔가 반응이 일어
나고 있었을 것이다. 사촌이 땅을 사면 배가 아프다는 말이 있
듯, 배알이 꼴리는 기분이 들 수도 있다. 아니면 가슴 한구석이
쪼글해지거나 어딘지 모르게 비위가 상하는 느낌이 들 수도 있
다. 이런 몸의 반응들은 모두 그 상황에 대한 거부반응이고, 그

런 몸을 가만히 들여다보고 있으면 금세 질투심이 일고 있다는 사실을 알게 될 것이다.

그렇다. 우리는 그렇게 어떤 상황에 직면하게 되면 몸이 바로 반응을 한다. 그것은 가장 정직하고 솔직하여 숨길 수 없는 반응이다. 두려움을 느끼면 머리가 쭈뼛 서거나 식은땀이 날 것이고, 분노하면 얼굴이 빨개지고 가슴이 뜨거워질 것이다. 역겨우면 위가 요동칠 것이고, 괘씸하면 배가 꼬일 것이다. 무의미하면 가슴이 허할 것이고, 사랑에 빠지면 가슴이 두근거릴 것이다. 물론 그런 몸의 반응은 각자 또 매 순간 다르게 나타날 것이다. 그럼에도 분명한 것은 그렇게 몸의 반응을 살펴보면 우리 안에 어떤 감정이 일고 있다는 것을 명확히 알 수 있고, 쉽게 '진짜 나의 감정' '진짜 나'에 다가갈 수 있다. 우리는 그렇게 생각과 몸의 일치성을 얻으며 진짜 나와 만나기 시작한다. 그리고 좀 더 냉정하게 현실을 보게 될 것이다.

그렇게 진짜 자신의 감정과 몸을 보고 진짜 나를 접하면서 그것이 자신임을 인정하면 서서히 진정한 자신을 받아들일 수 있게 된다. 진정한 자기 수용이 시작된 것이다. 이제 진정한 변화가 시작되고 있는 것이다.

제6장

진정한
나를 만나다

사람은 오랜 고통의 위험과
자기 단련 속에서
완전히 딴 사람이 되어 나온다.

―「니체 대 바그너」

몸은 보다 큰
이성이다

우리는 우리를 둘러싼 관념과 통념들을 떨쳐내고 진정한 우리 자신을 찾아가기 위한 여행을 하고 있다. 섬 사상으로 기존의 그림자들을 헐겁게 하고, 기꺼이 나의 부정적인 면과 나약한 점 등을 받아들임으로써 더 이상 나를 비난하지 않게 된다. 그저 있는 그대로의 나를 받아들이고 있는 그대로의 나를 사랑하게 되는 것이다.

요즘 서점에 쏟아지고 있는 위로의 책들 또한 이와 같은 맥락에 있는 책들이라 볼 수 있다. 그 책 속의 내용을 들여다보면 거의 대부분이 '괜찮아, 괜찮아'라는 말로 우리에게 위로를 건넨다. 이래도 나고 저래도 나라고 다독이며 기꺼이 나 자신을 받아들이고 사랑하라고 말한다.

하지만 문제는 그 '괜찮다'는 다독임만으로 우리가 진짜로 괜찮아지지는 않는다는 것이다. 말로 다독이는 '괜찮아'는 어느새 다시 이전의 아픈 감정, 주눅 든 감정으로 쉽게 돌아가 버리게 만든다. 이것을 심리학적 측면으로 보면 충분히 자신의 감정을 알아봐주고 허용해주고 받아들이는 데 필요한 시간과 그럴 기회가 주어지지 않았기 때문이다. 그렇기에 다시 제자리로 돌아가고 흔들리고 퇴보하고 만다. 감정은 문제가 있다고 분명 강하게 경보를 울린다. 그럼 경보가 울리는 상황을 점검하고 해결하거나 경보기를 꺼야 하는데, 그저 귀를 틀어막고 있는 격이다. 그러니 귀에서 손을 떼면 여전히 감정의 경보가 울릴 수밖에.

이제 우리는 어떠한 감정이 일어날 때마다, 수시로 감정을 들여다봐주고 내 안에 그러한 감정이 있음을 인정해주어야 한다. 그러면서도 나의 감정과 다른 왜곡된 가짜 감정에 휘말리지 말아야 한다. 우리를 따라다니는 체면이나 좋은 사람으로 보이려는 기대 같은 것들은 수시로 우리의 감정을 왜곡시키려 들 뿐이다. 별로 하고 싶지 않은데 기꺼이 하게 하고, 하고 싶은데 뒤로 한발 물러서면서 가짜 감정들을 만들어내는 것들이다. 그래서 우리는 최대한 '섬 사상'으로 그 어떤 것도 받아들일 마음의 여분을 만들어내야 하고, '일치성'을 통해 정확한 나의 감정을 읽어야 하는 것이다.

그러므로 우린 이성이나 표면적인 감정을 믿기보다 몸이 직접 느끼는 몸이 말하는 감정을 믿어야 한다.

깨어난 자, 깨달은 자는 말한다. 나는 오직 신체일 뿐 그 밖의 아무 것도 아니다. 영혼이란 신체 속에 있는 그 어떤 것에 붙여진 이름 에 불과한 것이다. _「차라투스트라는 이렇게 말했다」

그러나 서구 유럽의 오랜 역사 속에서, 아니 수많은 동양의 역 사 속에서나 우리가 자라고 교육받아온 숱한 지식들 속에서조 차, 몸 또는 육체는 정신 다음으로 취급하는 2차적 존재였다.

그들은 육체를 경멸해왔다. 그들은 그것을 저버렸다. 어디 그뿐이 랴! 심지어 그들은 육체를 원수처럼 취급해왔다. _「힘에의 의지」

먼저 정신과 영혼이 있고, 단지 몸은 그것을 따를 뿐이라고 생 각했다. 맑고 올바른 정신에 비해 몸은 자유분방하고 욕망에 가 득 차 다스려져야 하는 부정적인 것으로 인식되어왔다.

하지만 정말 그럴까? 냉정히 살펴보면 그 반대다. 우리가 실제로 경험하는 모든 것이 몸에 근거하고 있다. 우리는 쾌락도 고통도 몸에 근거해 느낀다. 기쁨도 슬픔도 몸의 표현방식인 감정과 느낌을 통해 느낀다. 우리의 판단, 우리의 가치조차 몸 없이는 상상도 할 수 없는 일이다. 기껏해야 정신은 몸의 상태를 알리고 파악하는 존재, 조언이나 하는 존재가 아닌가.

정신, 그것은 신체에게서 어떠한 존재인가? 신체가 벌이는 싸움에서 승리를 알리는 전령사, 전우 그리고 메아리에 불과한 것이 아닌가. —『차라투스트라는 이렇게 말했다』

니체는 그렇게 오래된 '이성 중심의 세계'를 밀어내고 몸의 철학을 세움으로써 근대를 넘어 현대로 들어섰다. 오늘날 '이성' 그 이상으로 '몸'이나 '비이성적인 것'은 중시되고 있으며, 이를 무시하는 견해는 거의 발견하기 힘들다. 물론 유독 특이하게도, 자기계발서들에는 여전히 몸보다 이성을 강조하는 경향이 남아 있기는 하지만.

우리 역시 이런 몸을 간과하지 말아야 하며 신뢰해야 한다. 그것만이 우리를 더 정확히 알게 하고, 진정한 변화의 세계로 안내할 것이기 때문이다.

내 몸의 소리를
들어라

우리들 대부분은 이제껏 머릿속 이성과 대화를 해왔다. 몸이라는 큰 이성은 외면한 채 작은 이성만을 붙들고, 듣고 생각하고 판단해온 것이다. 잘 알다시피 그것은 타인의 기대나 사회의 통념, 체면 등으로 왜곡되어 있는 것이고, 우리는 표면적인 거짓 대화만을 일삼으며 우리의 삶을 결정해왔던 것이다.

이제 그런 신의 그림자들은 뒤로하고, 진짜 나, 더 큰 이성인 몸과 직접 대화를 해보자. 몸은 왜곡되지 않았고 그만큼 솔직하고 거짓말을 하지 않는다. 무엇보다 감정이 보내는 숱한 경보 신호를 직접 확인하게 하고, 그 신호에 대처하거나 그 시끄러운 경보음을 끌 수 있게 해준다.

방법은 앞에서 언급했듯 간단하다. 그저 자신의 감정을 알아보고 들어주면 된다. 그것이 있음을 받아들여 주면 경보음은 대부분 꺼진다. 이때 정확한 감정을 확인하기 위해, 그리고 일치성을 확보하기 위해 몸의 반응을 보면 좋다. 그리고 그 감정이 맞는지 확인하기 위해 이번에는 '이름'을 붙여주자.

'아! 이 몸의 반응은 화난 거구나!' '아! 이 가슴의 공허함은 서운한 마음이구나!' '이건 두려움이구나!' 하는 식으로 자신의 감정과 몸의 반응에 이름을 붙여주면 몸이 대답할 것이다. 그 이름이 정확하다면 그 감정이 급속히 줄어들거나 해소되는 기분이 들 것이다. 경보 신호가 꺼지기 때문이다. 꼭 기분이 해소되지 않더라도 깊은 한숨이 나오기도 한다. 자연스럽게 숨이 이완되면 좀 더 편안한 느낌이 찾아든다. 이런 반응들은 모두 몸과 정확히 대화했다는 증거다. 당신은 정확히 몸의 신호나 요구 사항을 들었고, 할 말을 한 몸은 이내 조용해지곤 하는 것이다. 이렇게 그 몸의 욕구를 외면하거나 왜곡하지 않고, 그 자체로 인정해주면 된다. 물론 그 과정에 섬 사상이 함께한다. 나는 얼마든지 화날 수 있고, 서운할 수 있고, 두려울 수 있기 때문이다. 이런 감정을 기꺼이 있는 그대로 받아들일 때 나는 부정적인 감정 속에서도 자존감을 잃지 않게 된다. 누구나 느낄 수 있는 당연한 감정을 비난하고 깎아내릴 필요가 없기 때문이다.

반면 많은 사람들이 이런 감정을 느낄 때 여러 가지 이유를 끌어모아 자신을 변명하고 앞서 질투심을 느낀 A처럼, 웰빙이라는 허위에 현혹된 사람들이 문제가 있다고 말한다. 내가 화난 게 아니라 상대가 못된 것이고, 내가 서운한 게 아니라 상대가 기분 나쁜 것이다. 내가 두려운 게 아니라 상대가 나를 분노케 한 것이다. 그렇게 감정을 왜곡시키면 그런 왜곡을 일삼는 자신을 더 이상 신뢰하지 않게 된다. 못 믿을 말만 하고 있는 자신을 어떻게 스스로 신뢰하겠는가. 이미 몸은 그 비난이 상대뿐 아니라 자신에게 향하고 있다는 것조차 다 알고 있다. 그러면서 만들어진 자기방어는 상대방을 원망하며 관계를 악화시키거나 자신이 상황을 개선할 기회마저 가질 수 없게 만들어버린다.

오직 그대 자신을 믿도록 하라! 그대들과 그대들의 뱃속을! 자기 자신을 믿지 않는 자는 언제나 거짓말을 할 뿐이다! ─「차라투스트라는 이렇게 말했다」

감정은
여러 겹으로 되어 있다

　　자신의 감정과 몸의 반응에 이름을 붙여주면 우리는 이전보다 좀 더 쉽게 자신의 감정을 알아볼 뿐만 아니라, 좀 더 쉽게 스스로가 감정을 해소해낼 수 있다는 사실을 깨닫게 된다. 그것은 매우 유쾌한 경험이고 마음에 안정감을 더하기 때문에 더 자주 사용하게 된다. 단지 이름을 붙였을 때 아무런 반응이 일어나지 않는 경우도 있다. 이때는 그 감정과 이름이 일치하지 않는 것이라 보고 다시 다른 이름을 붙여주면 된다. 그렇게 맞추다 보면 쉽게 자신의 감정을 확인할 수 있다.

　물론 이것도 저것도 아닌 경우도 얼마든지 존재할 수 있다. 아니 더 정확히 말해 이름을 붙일 수 없는 경우가 얼마든지 있는 것이다. 그렇다고 너무 걱정하지 마라. 오히려 그것은 당신 안으로 더 깊이 들어가는 숨은 문이기 때문이다.

그 감정들에 이름 붙이기 어려운 것은 아주 당연하다. 원래 인간의 감정은 언어 이전의 것이었기 때문이다. 우리가 느끼는 기쁨이니 슬픔이니 하는 것들은 모두 서로가 대화를 하기 위해 언어로 설정해놓은 감정의 어떤 특정한 일면일 뿐이다. 결국 언어로 말할 수 있는 것은 원래의 실제 감정에서 특정한 일면만을 언급하고 나머지는 생략되어버렸다는 것을 의미한다. 그러니 몸이 이성보다 더 큰 이성이라는 말이 적용되는 셈이다. 언어로 언급되는 감정이나 표현들은 좁은 의미의 이성이자 앎인 것이고, 몸과 몸의 반응이 말하는 것들이야말로 더 큰 이성이자 더 큰 앎인 것이다.

또한 실제로 우리가 느끼는 많은 감정과 감정 반응들은 아주 복잡하게 얽혀 있다. 한순간 감정을 느끼는 것에도 여러 감정이 중첩되어 있다는 얘기다. 어디 그뿐이랴. 감정은 순간적인 것이 많다. 그래서 지금 진행되는 감정과 막 지나간 감정, 지금 막 일어나고 있는 감정이 섞이기까지 한다. 그러니 그 모호함과 복잡함은 이루 말할 수 없다.

다행히 우리가 그 복잡한 감정의 문을 여는 방법은 간단하다. 그저 그 '몸의 반응을 보고 내가 느끼는 그대로를 말하면 되는 것'이다.

예를 들어 가슴이 부글부글 끓는 느낌이 들었다면, "안녕! 부글부글 끓는 가슴아"라고 말하면 된다. 어떤 무겁고 어두운 두려움이 느껴졌다면 "안녕! 무겁고 어두운 두려움아"라고 말하면 된다. 이때 '안녕'은 감정을 반갑게 맞아주는 말로, 소리를 내어 말하면 훨씬 더 효과적이다.

이렇게 붙여준 이름이 그 감각 느낌에 꼭 들어맞으면, 몸에서 반응이 나타나고 이때의 반응들은 매우 인상적인 경우가 많다. 갑자기 깊은 한숨이 쉬어진다거나 가느다란 전율이 느껴질 수도 있다. 또는 평온한 느낌이 나를 감쌀 수도 있다. 심지어 눈물을 흘리거나 소리 내어 울기도 한다. 비교적 많은 사람들이 이런 울음을 동반하곤 하는데, 그동안 자신이 스스로와 동떨어진 인위적인 기대와 통념들에 많은 억압을 받아왔고 스스로를 질책하며 비난해왔기 때문이다. 그러다가 몸과 직접 대화하면서 진정한 자신의 감정과 욕구를 확인하게 되고, 자신이 스스로를 얼마나 왜곡하고 괴롭혀왔는지를 목격하게 된다. 그 순간 고통스러웠던 자신과 외면하고 비난해왔던 자신의 모든 것들이 떠오르면서 자신도 모르게 눈물을 쏟아내고 오열을 하는 등의 몸의 반응이 나타나는 것이다. 또 자신을 억압하면서 분출되지 않은 분노와 많은 감정들이 몸의 여기저기에 통증으로 나타나 고통받았던 사람들이 있는데, 그들의 경우 그런 감정들을 바라봐주자 억눌린 감정들이 해소되면서 몸의 통증이나 증후들이 언제 그랬냐는 듯 사라지기도 했다.* 이 또한 몸이 변하는 구체적인 사례이기도 하다.

우리도 자신의 몸과 대화하는 과정에서 얼마든지 그런 놀라운 경험들을 할 수 있다. 특히 내면의 감정과 몸의 감각에 섬세하게 반응하는 사람들이라면 더 쉽게 그런 반응을 체험할 수 있다. 또 완곡히 자기를 부정하고 삶을 비난하는 등 자신의 감정을 심하게 왜곡하는 사람들 또한 의외로 쉽게 그런 반응을 체험하기도 한다. 이러한 경우 강한 왜곡이 강한 몸의 반응으로 나타나기 때문이다.

---

* 실제로 로저스의 인간중심 상담에서는 오랫동안 이유 없이 앓아오던 몸의 통증이 씻은 듯 사라지거나, 가슴이나 목이 답답하던 증상이 사라지기도 한다. 실제 이름을 붙이자마자 바로 반응이 오는 사람이 있는가 하면, 특정한 도움을 받아야 반응이 오는 사람도 있다. 그 도움은 좀 더 차분한 분위기나 섬 사상적인 지지 같은 도움을 말한다. 다행히 대부분의 사람들은 분노 등 격렬한 감정을 볼 때 쉽게 특정한 경험을 한다. 또한 자신을 볼 수 있게 되면 더 많은 몸의 반응들을 직접 느끼게 된다. 로저스는 자신의 상담을 일일이 녹음하고 기록함으로써 심리상담 연구를 경험과학적인 기반 위에 올려놓았고, 그 과정을 모두 공개함으로써 심리 치료의 신비로움을 걷어냈다. 그의 이런 업적으로 제1회 중요한과학적기여상(DSCA상 : Distinguished Scientific Contribution Award)을 수상했다.

몸의 반응을 통해
나를 해석한다

　니체는 몸이야말로 심연 중의 심연이라고 생각했다. 『차라투스트라는 이렇게 말했다』에 등장하는 수많은 심연이라는 단어들 또한 이 몸의 심연을 가리킨다. 그만큼 몸은 깊고 모호하다. 우리가 인지하는 언어와 이성보다 더 크고 더 깊이까지 뿌리내리고 있는 우리의 심층심리인 것이다. 그래서 접근하기 힘들고, 알면 알수록 더 새로운 것이기도 하다.

　그 모호함에는 수많은 왜곡과 억압이 둘러싸여 있고, 수많은 감정들이 겹겹이 엉켜 있으며, 언어 이전의 것이라 언어로 형언할 수 없는 것들이 함께한다. 그런 복잡한 감정이 곧 모호한 감각 느낌들로, 몸의 느낌들로 나타나는 것이다.

　그렇기 때문에 이름을 붙일 때도 추상적으로 붙이면 안 된다.

몸에서 매우 모호한 감정이 일어나고 있는데, '분노!'와 같이 추상적인 이름을 붙이거나 '화가 남!'과 같이 단순한 감정을 지칭하는 이름을 붙인다면 일치성을 이룰 수 없다. 언어로 재단되어 버린 부분적인 감정과 실제 일어나고 있는 감정이 일치하지 않기 때문이다. 내가 인식한 것과 감정이 일치하지 않으면 당연히 몸은 대답하지 않는다. 모호한 만큼 그 모호함을 그대로 살려 아주 구체적으로 이름 붙여야 하는 것이다. 앞서 말했던 '부글부글 끓는 가슴' '무겁고 어두운 두려움'과 같이 말이다. 실제로 이름을 불러주었는데도 아무 반응이 없는 경우는 대부분 너무 추상적이거나 단순한 이름인 경우가 많다.

또한 모호한 감정은 아주 미세한 차이로 이름에서 빗나갈 수도 있다. 이때는 좀 더 살피고, 그에 알맞은 세심한 이름을 다시 지어주어야 한다. 예를 들어 부글부글 끓는 가슴인 줄 알았더니, 오히려 활활 타오르며 옥죄는 공격 욕구일 수도 있다. 그럼 이에 알맞게 다시 '활활 타오르며 옥죄는 공격 욕구'라고 이름을 붙여주고, 몸의 반응이 오는지 살피면 된다.

한편 몸의 어떤 부분에서 생생한 느낌이 오는 대신, 어떤 이미지가 선명하게 떠오를 때가 있을 수 있다. 마치 감정에 대한 은

유처럼. 이 또한 아주 구체적으로 생생하게 그 이미지를 말로 표현해주면, 감정을 알아봐주는 효과가 있다.

무엇보다 우리는 우리의 감정이 하나가 아니라는 것을 명심해야 한다. 특히 모호한 감정은 더욱 그렇다. 모호하다는 것은 그만큼 많은 감정이 겹쳐져 있다는 것이다. 심지어 그 안에는 다른 감정들을 왜곡하고 억압하려는 두려움 같은 감정들까지 겹쳐져 있다.

일례로 실연을 당한 사람이 있다고 하자. 그 사람은 사랑을 잃은 상실감으로 마음이 찢어질 듯 아프다. 하지만 그 감정을 가만히 보고 있으면, '한 번 더 간절히 붙잡아 볼걸 그랬나?' 하는 아쉬움도 있고, 한 번이라도 더 안아보고 싶은 열망도 있으며, 더 이상 함께할 수 없다는 두려움도 있을 수 있다. 어떤 때는 모든 걸 다 걸었던 대상이 사라져버리는 허탈감일 수도 있고, 둘의 관계가 깨진 것에 대해 주변에서 수군거릴 거라는 창피한 감정이 섞인 것일 수도 있다. 이 세상에 단지 '슬퍼'라고만 말할 수 있는 이별의 감정은 없는 것이다.

화를 냈던 순간들을 떠올려봐도 마찬가지이다. 먼저 상대에 대한 적대감이 든다. 하지만 그 순간에도 상황에 대한 두려움이나 상대에 대한 애정이 느껴질 수 있다. 반대로 상대의 말에 조용히 따르던 사람에게도 따라야 한다는 마음과 질질 끌려 다니는 게 싫다는 불만이 함께 꿈틀거릴 수도 있다.

심지어 먹는 것 하나에도 여러 감정이 있을 수 있다. 예를 들어 아주 매운 걸 좋아하는 사람이 있다고 하자. 그는 평소 매운 걸 많이 먹어서인지 속이 자주 쓰리고 위 건강도 걱정스럽다. 그런 사람 앞에 아주 맵지만 맛나 보이는 음식이 나왔다면 어떨까? 아마 그 사람은 매운 걸 신나게 먹으면서 매우 즐거운 만족감을 느낄 것이다. "아! 기가 막히게 핫하다. 이렇게 맛있는 음식이⋯⋯" 하면서 말이다. 하지만 또 다른 마음 한구석에서는 "에구 속 쓰려, 이러다 속이 다 망가지는 거 아니야!" 하는 걱정과 불안도 함께 꿈틀거리게 된다. 이렇게 감정이 하나만 존재하는 건 아니다.

하지만 우리는 언어로 재단된 사회 속에서 생활하면서 단순하게 그 순간 하나의 감정만 있다고 생각하는 습성이 있다. 막연하게 '원래 그런 거야'라고 자의 반 타의 반으로 학습되어 자라왔기 때문일지도 모른다. 우리가 배운 대로라면 이별은 단순히 가슴 찢어지는 '아픔'이고, 화는 그저 '분노'의 폭발일 뿐이니까. 그렇게 느낌이나 감정이 하나라고 생각해왔기 때문에, 다른 느낌이나 좀 더 근본적인 감정에 귀 기울이지 못할 때가 많았던 것이다.

재미있는 점은 이렇게 자신의 모호한 감정과 느낌에 이름을 붙여주면, 한 꺼풀 한 꺼풀씩 감정이 자신을 드러낸다는 점이다. 하나의 이름이 맞추어지면 그 감정에 대한 반응이 일어나고, 모호한 감정 느낌이 변한다. 그리고 또 그 감정 느낌에 이름을 붙여주면 또 다른 감정 반응이 일어나고 다시 감정 느낌이 변한다. 앞서 예에서처럼 실연당한 사람이라면 '상실감'이 감정 반응을 한 후 '아쉬움'으로, 그 아쉬움이 '열망'과 '두려움', 뒤이어 '창피함'으로 계속 감정이 해소되면서 바뀌어나가는 것을 볼 수 있다.

나는 지금 가장 높은 산 앞, 가장 긴 방랑의 앞에 서 있다. 그러므로 난 내가 일찍이 내려갔던 곳보다 더 깊이 내려가야 한다. ﹃차라투스트라는 이렇게 말했다﹄

우리는 이렇게 자신의 몸의 반응에 이름을 붙여줌으로써 서서히 자신의 숨은 감정들을 하나둘 읽을 수 있게 된다. 우리가 그토록 알고 싶어했던 자신의 심층심리에 하나둘 다가가는 것이다.

꼭꼭 숨겨진 나의 진짜 모습을 알고 그것과 대화할 수 있게 되는 것이다.

많은 사람들이 자신의 심층심리를 알기 위해 꿈의 해석이나 정신분석을 찾아 배우곤 한다. 하지만 그 해석은 분파마다 해석자마다 너무 다르다. 또한 전문지식도 많이 필요하고 명확한 답도 없다. 반면 이렇게 몸을 바라보는 것은 누구나 어렵지 않게 시도해볼 수 있다. 그동안 보지 못한 자신의 숨은 감정들을 어렵지 않게 하나둘 보게 되는 놀라운 경험을 할 수 있다. 무엇보다 그 해석의 타당성은 실제로 생활 속에서 몸의 변화 반응을 직접 체험하면서 증명받게 될 것이다. 무엇보다 스스로의 감정과 몸의 느낌을 바라보고 새로운 이름이 맞아떨어졌을 때 느끼는 느낌들을 자주 접할수록, 자신이 가졌던 기존의 안 좋은 감정이 변하는 기쁨을 맛보게 된다. 어떤 대상이나 상황에 대해 예전에 느꼈던 감정을 전혀 다른 느낌으로 받아들일 수 있게 되는 것이다. 그런 만큼 단순히 말로 자신을 바꾸는 것보다 실제로 달라진 느낌으로 세상을 느낄 수 있다. 과거에 얽매였던 감정이나 현재 나를 괴롭히는 감정들이 다시 재구성되고 더욱더 많은 안정감을 갖게 되는 것이다. 마치 치유를 하듯 말이다.

몸을 보는 자와
몸을 보지 않는 자

자신의 감정과 몸의 반응을 살피고 받아들이며 사는 방식과 그저 감정을 억압하거나 분출하며 사는 방식은 상당히 많은 차이가 난다. 몸을 살피는 것은 나의 감정과 나를 더 잘 알 수 있게 하고, 더 많은 감정을 해소하거나 수용할 수 있게 한다. 그래서 우리는 더 많은 안정감을 가질 수 있으며, 실제 생활에서도 여러모로 유용하다. 가장 흔히 접할 수 있는 예로, 화를 내고 그 화에 대응하는 과정을 살펴보자.

일단 화가 나면 화를 뿜어낸다. 그리고 화를 내면서 상대방을 원망한다. 이때 이성적인 여러 가지 이유를 들어 상대방을 비난한다. 그렇게 화를 내다 보면 화내는 자신이 과하거나 못나 보인다. 화내는 것은 교양 없고 괴팍한 사람들이나 하는 짓이라

배워왔기 때문이다. 그래서 화낸 자신이 창피하고 원망스럽다. 그러면 다시 나를 화나게 한 상대방의 행동이 괘씸해진다. 다시 상대방을 원망하기 시작한다. 이때 화는 해소되는 것이 아니라 증폭된다. 증폭된 화는 다시 내 안에 쌓인다. 그 와중에 또 화낸 내 모습이 보이고, 자신이 더 초라해 보이기까지 한다. 자신을 부정하고 상대방을 원망하는 패턴이 화가 사그라질 때까지 반복된다. 시간이 지나 화가 수그러들면 창피한 감정이 일며 다시는 화를 내지 않기로 결심한다. 화를 내는 못난 자신이 기억되고 이제까지 증폭되었다 남은 분노의 찌꺼기들은 억압된다. 자존감은 더 낮아지고, 화낸 감정은 억압되어 왜곡된다. 그렇게 또 시간이 지나고 화나는 순간이 닥친다. 더 낮아진 자존감과 더 꼬여 억압된 화와 관련된 감정들은 더 쉽게 폭발한다. 불같이 화를 낸다. 이것이 바로 감정을 억압하거나 분출하며 사는 일반적인 사람들의 화에 대응하는 패턴이다. 화를 자주 내는 사람들은 보통 자존감이 낮은 편인데, 이들이 주로 이러한 패턴으로 살아가고 있기 때문이다.

물론 그렇다고 화를 안 내고 참는 건 더욱 좋지 않다. 그것은 속으로 쌓이고 더 많이 자신을 왜곡하기 때문에 언젠가 분노로 폭발하거나 몸의 통증이나 화병 등으로 나타날 수 있기 때문이다.

반면 자신의 감정과 몸의 반응을 살피며 사는 사람들은 다른 과정을 거쳐 다른 결과를 낳는다.

 화가 나면 화를 뿜어낸다. 이때 섬 사상이 함께하므로 화내는 것은 누구나 할 수 있는 당연한 것이 된다. 생각하기에 따라 다르기 때문에 내가 화내는 것 또한 얼마든지 그럴 수 있는 것이다. 화내는 자신의 감정과 몸의 느낌을 살핀다. 그리고 이름을 붙여준다. 이름과 그 감정과 느낌들이 일치하면 화가 줄어든다. 점차 화는 현실에 대한 두려움이나 상대에 대한 미움으로 바뀐다. 체면 때문에 연연하는 자신이 보일 수도 있고, 화를 내면서도 여전히 상대를 사랑하는 자신이 보이기도 한다. 두려움도 미움도, 체면에 대한 염려나 사랑하는 마음도 모두 살피고 허용해준다. 하나하나 풀어져 나타나는 감정의 경보 신호들을 일일이 알아봐주고 꺼준다. 마음이 다시 평온을 찾는다. 그 과정에서 자신이 어떤 감정을 가지고 어떻게 현실에 대처해왔고 대처하고 있는지 선명하게 보이기 시작한다. 차분한 마음으로 현실에서 그러한 것들을 하나하나 이야기하거나 이해하며 대처할 여력을 갖게 된다. 누구나 내는 화를 낸 것뿐이고, 숨어 있던 감정의 덩어리 중 몇 개를 풀어냈으므로 좀 더 자신에 대한 이해와 믿음이 쌓였다. 그 믿음과 이해를 가지고 좀 더 차분하고 현명한 대화, 솔직한 대화를 이끌어나가 문제를 해결할 수도 있다. 화에 관련된 감정을 어느 정도 해소했으니 다음에 비슷한 경우가 발생해도 화낼 확률은 더 줄어든다. 물론 화날 일이 있으면 또 화를 낼 것이다. 나의 감정과 내 행동이 일치하는 것이 중요하니까. 하지만 충분한 나의 화 감정에 대한 이해를 통해, 어떤 경우에 화를 내야 하는지 좀 더 명확해지고 어떤 것은 화낼 필요가 없다는 것도 깨닫게 된다. 일치성을 중요하게 여기고 평소 꾸준히 감정을 해소하고 있기 때문에 광분하지 않고 갈수록 딱 화난 만큼만 화를 내게 된다. 점차 화는 줄어들고 자신에 대한 신뢰가 조금씩 더 쌓여간다. 화를 내도 결코 자존감이 낮아지지 않는다. 이것이 바로 자신의 감정과 몸의 반응을 살피는 사람들과 그렇지 않은 사람들의 가장 큰 차이이다.

특히 감정과 몸의 반응을 보는 행동 하나만으로도 오래 지속되어 온 대립 관계에 일대 전환을 맞이하는 경우도 적지 않다. 자신의 분노한 몸의 반응을 바라보는 순간 몸의 반응이 변하면서 금세 감정이 순화되고, 자신의 감정을 이해하고 수용하게 된다. 이렇게 감정을 수용받게 되면 갑자기 타인의 감정까지 선명하게 느껴지게 되는 경우가 생기는데, 이 생생하게 느껴지는 상대방의 감정이 상대를 진실로 이해하는 계기를 만들기 때문이다. 결국 나만큼이나 상처받고 힘들어하고 있는 상대를 보면서 오래 닫아두었던 마음을 열기 시작하는 것이다.

한편 자신의 감정과 몸의 반응을 살폈음에도 충분히 해소되지 않는 경우도 있다. 일례로 당신이 A와 전화통화를 하다가, A가 퉁명스럽게 대화를 끊었다고 하자. 당신은 불쾌한 감정이 들어서 자신의 감정과 몸의 반응을 살폈고 몸이 깊은 한숨으로 반응했다. 일단 감정이 해소된 것이라고 생각되었다. 그런데 시간이 지나도 자꾸 A가 떠올라 불쾌한 감정에 사로잡힌다. 실제로 이런 경우는 자주 있다. 그 이유는 A와 관련된 다른 감정들까지 충분히 바라봐주지 못했기 때문이다. 이럴 때 충분히 그 감정을 다시 바라봐주면 여러 감정들이 드러나는 걸 발견할 수 있다. 예를 들어 A는 항상 통화할 때마다 자기 할 말만 해서 대화가 꺼려졌다거나, 걸핏 하면 토라져서 전화를 끊었던 때의 감정들이 다시 함께 떠오르는 것이다. 결국 당신의 몸은 그런 A와 더 이상 관계를 이어가고 싶지 않았고, 그런 감정을 제대로 봐주지 못했기에 계속 불쾌한 감정이 떠올랐던 것이다. 어쩌면 당신은 평소 관계를 폭넓게 가져야 한다고 여기거나 이왕이면 좋게 관계를 유지하는 것이 좋다고 생각하거나 아니면 관계가 끊어지는 것 자체를 두려워했을 수도 있다. 그런 마음이 A를 더 이상 상대하고 싶지 않은 마음을 자꾸 감추고 있었던 것이다. 이제 당신은 당신의 감정들을 들여다보며 충분히 알았고, 한 사람과의 관계가 하나 더 사라진다 해도 두려워하지 않고 A와의 관계를 정리해버리는 결단을 감행할 수 있게 된다.

이렇듯 감정과 몸의 반응을 보는 것은 감정을 해소하는 것뿐 아니라, 자신의 진심을 파악함으로써 무언가를 결단할 때도 유용하게 쓰일 수 있다. 그 좋은 예가 중요한 선택을 하는 순간일 것이다. 보통 우리는 중요한 선택을 할 때 그 선택을 했을 경우의 장점과 단점을 열거하곤 한다. 그 리스트를 일일이 적어보면서 장단점을 비교해서 결정하고자 하는 것이다. 하지만 의외로 그 작업은 별 효용이 없다. 그 정도의 고민은 리스트를 만들기 전에도 이미 했기 때문이다. 이럴 때 각각의 리스트나 자신의 구체적 선택에 대해 몸의 감정을 살피면 많은 도움이 된다. 내가 이것을 선택했을 때 내 감정과 몸이 어떻게 반응하는지, 어떤 기쁨이나 두려움이 있는지 살펴보는 것이다. 반대의 선택을 했을 때도 어떻게 반응하는지 살펴보고 둘을 비교하면 의외로 쉽게 결단할 수 있다. 적어도 감정적인 후회를 하지 않을 정도의 결단 말이다.

이렇듯 우리는 자신의 감정과 몸의 반응을 살핌으로써 높은 자존감을 유지할 뿐 아니라, 생활 속에서 자신의 진심과 어울리는 다양한 선택을 할 수 있게 된다. 차라투스트라 역시 중요한 결단의 순간들에 앞서 언제나 자신의 내면에 묻지 않았던가.

차라투스트라는 아무 말도 없었다. 그의 눈은 마치 먼 곳을 바라보듯 자신의 내면을 바라보고 있었다. ┌「차라투스트라는 이렇게 말했다」

자신의 몸과 대화한다는 것은 자신을 알아가는 데도, 생활을 개선해나가는 데도 매우 유용하다. 하지만 그 많은 유용함에도 불구하고, 자신의 몸과 대화하는 것의 가장 중요한 장점은 그것이 매 순간 끈질기게 달라붙는 그림자들로부터 우리를 자유롭게 한다는 것이다.

우리는 자신의 감정이 분명히 보일 때, 그래서 자신의 욕구가 무엇인지 확실히 알 수 있을 때, 사회와 주변이 요구하는 기대나 통념으로부터 분명하게 자신의 욕구를 구별할 수 있다. 자신의 감정과 몸의 욕구에 매 순간 충실히 귀 기울이고 있을 때, 타인의 기대와 사회의 요구에 귀 기울이지 않게 된다. 그렇게 자연스럽게 우리는 매 순간 그림자들로부터 자유로워진다. 이것이 진짜 자유다.

제7장

건강한 자존감은
꿈에 부풀게
한다

집이 불타고 있을 때
사람들은 점심 식사 같은 것은 생각지도 못한다.
하지만 사람들은 이내 잿더미 위에서
다시 식사를 해결한다.

─「선악의 저편」

힘에의
의지를 보라

우린 우리 몸과 직접 대화함으로써 그동안 꼬여 있던 감정과, 오랫동안 축적되어온 분노나 두려움 같은 감정들을 하나하나 풀어낼 수 있었다. 감정의 응어리들이 하나둘 해소되기 시작하면, 좀 더 완화된 감정이 등장하면서 감정도 바뀌고 그에 따른 몸의 반응도 바뀐다. 니체 역시 "인간은 덮여서 감춰진 하나의 어두운 존재다"라고 말했다. 신의 그림자들로 둘러싸이고 숱한 감정들로 겹겹이 싸인 존재, 언어라는 우리의 인식 그 이전의 존재, 그래서 그는 심연으로 내려가 '나 자신을 보라'고 외쳤던 것이다.

이제 우리는 심연으로 내려간다. 심연으로 내려가면 억압되고 왜곡됐던 감정들이 하나둘 풀려나면서 서서히 원래의 나의 감정, 나의 반응이 드러나기 시작한다. 원래의 자신의 반응이 드러나다는 것, 이것은 우리가 타고난 원래의 생명력, 자신이 꽃피우고자 하는 의지가 되살아나는 것이다. 그것은 자신의 힘을 확인하고 자신을 확장하려는 의지, 곧 니체의 '힘에의 의지'가 되살아나는 순간이다. 니체에게서 '힘에의 의지'는 모든 생명체가 가진 근본적인 욕구다. 모든 개체에게는 '자신이 힘이 있음을 느끼고 싶어하고 그 힘을 확대하고자 한다'는 '힘에의 의지'가 있고, 이 욕구를 통해 모든 생명체가 살아남았으며 앞으로도 계속 살아가게 된다. 이 힘에의 의지를 바꿔 표현하면, '자존감'이며 '자기애'라고 할 수 있다. 오직 자신의 힘을 드러내고 강화하고자 하는 욕구가 자기 존재를 굴복시키지 않으려는 자존감과 자기 사랑으로 드러나는 것이다. 그리고 이것이 우리를 지탱하는 힘 그 자체인 것이다.

우리의 가장 강한 충동, 우리 안에 있는 이 폭군에게는 우리의 이성뿐만 아니라 우리의 양심마저도 굴복하게 된다. _『선악의 저편』

이는 니체 철학의 핵심 중의 핵심이다. 존재의 모든 것을 설명하는 중심 근거이다.

쾌감은, 힘의 감정이 있는 곳에서 나타난다.

행복은, 힘과 승리가 지배하는 의식 속에 있다.

진보란 일종의 강화, 커다란 의욕의 가능성을 가리킨다. 그 밖의
모든 것은 오해이고 위험일 뿐이다. ―「힘에의 의지」

우리가 타고난 힘에의 의지는 그렇게 승리하고자 하고 지배하
고자 한다. 자기 힘을 확인하고자 한다.

나는 가르친다. 약하게 하는 모든 것, 우리의 삶을 고갈시키는 모
든 것에 대한 부정을.

나는 가르친다. 강하게 하는 것, 힘을 비축하는 것, 힘의 감정을
확인하는 모든 것에 대한 긍정을. ―「힘에의 의지」

하지만 우리는 그 힘의 감정을 비천하다고 비판한다. 탐욕스
럽다고 비난한다. 공격적이라고 회피한다. 타고난 우리의 욕구,
힘에의 의지를 외면하고 억압하며 적당히 눈치나 보며 살려 한
다. 체면 때문에, 양심이라는 명분 때문에, 이런저런 수많은 관
습과 통념 때문에.

그러나 이러한 힘에의 의지, 자신을 확장하려는 욕구는 없는

척 외면할 수는 있어도 결코 사라지지는 않는다. 타고난 힘에의 의지와 욕망을 무시하고 외면하면 그것이 사라지는 게 아니라, 괴상하게 변형될 뿐이다. 그래서 우리의 힘에의 의지 또한 왜곡되고 변형되어버린 것이다.

행복이 가져오는 첫 번째 효과는 힘의 감정이다. 스스로에 대해서든 다른 인간에 대해서든, 표상에 대해서든 상상의 존재에 대해서든, 언제나 힘의 감정은 자신을 표현하고 싶어한다. 자신을 표현하는 가장 흔한 방식은 선물을 주는 것, 조롱하는 것, 파괴하는 것이다. 이 세 가지 모두 하나의 근본 충동에서 오는 것이다. ─「아침놀」

그것은 질투와 시기심으로 변했고, 더 나아가 자기를 부정하고, 자기 삶을 부정하는 것으로 왜곡되었다.

다행히 니체는 그 기나긴 고통에서 인식의 단절이 왔고 자신의 몸이 변함으로써 모든 것을 다르게 바라보고 다르게 느꼈기 때문에 왜곡되고 억압됐던 '힘에의 의지'를 회복할 수 있었다. 그렇게 그는 몸이 변함으로써 다시 타고난 생명력인 '힘에의 의지'를 찾을 수 있었고, 원래 타고난 것이기에 변하지 않는 삶의 긍정을 얻게 된 것이다.

되살아난 힘에의 의지,
실현경향성

이른 봄날, 돌 틈에 푸르게 고개를 내밀고 있는 새싹들을 본 적이 있는가? 뿌리가 내리기 힘든 그 돌을 비집고 연약한 새싹은 올라온 것이다. 모든 생명은 그렇게 역경을 이겨내서라도 최대한 자신을 꽃피우려고 한다. 니체는 이를 자신을 확장하고 실현하려는 '힘에의 의지'라고 말한다.

생명 그 자체는 나에게 비밀을 말한다. "보라. 나는 항상 나 자신을 극복해야 한다"라고. ─「차라투스트라는 이렇게 말했다」

니체는 이 힘에의 의지를 고통 속에서 몸의 변화를 통해 얻게 된다. 재미있는 점은 로저스의 수많은 내담자들 또한 이렇게 힘에의 의지가 되살아나는 놀라운 경험을 하게 된다는 점이다. 그들은 로저스와의 진솔한 감정대화를 통해 자신의 감정과 몸의 반응을 보게 되고, 다양한 몸의 변화 반응이나 때때로 격렬한 몸의 반응을 경험하게 된다. 그리고 그 이후 이전과는 다른 삶의 의지를 불태운다.

세상을 삐뚤게 보던 사람, 자신은 안 된다고 회피하던 사람, 자신을 비난하던 사람이 갑자기 스스로에게 희망을 갖게 되고, 자기 삶을 발전시키겠다고 맘먹는다. 여전히 그들의 환경은 그대로이지만, 그들은 환경을 비난하지 않고 더 이상 자신을 자책하지 않으며 좀 더 괜찮은 사람이 되어보겠다고 팔 걷고 나선다. 그들은 자신의 갑작스러운 변화가 다소 두려우면서도 자신감이 새록새록 돋아나 새로운 삶에 대한 기대로 가득하고, 스스로가 바꿀 수 있고 해낼 수 있다는 의지가 샘솟는다. 하루하루 생기에 가득 차 모든 순간에 최선을 다하며 자신을 극복하고자 한다. 로저스는 이를 '실현경향성이 되살아났다'고 표현한다. 로저스의 실현경향성은 니체의 힘에의 의지와 크게 다르지 않다.

진실로, 이 대지는 치유의 장소가 되어야 한다! 이미 대지의 주변에는 새로운 향기가, 효능이 있는 향기가 감돌고 있지 않은가. 심지어 새로운 희망이! -『차라투스트라는 이렇게 말했다』

누구나 진정한 자신을 볼 수 있다면 힘에의 의지가 꿈틀거리 듯이 실현경향성이 다시 살아날 것이다. 우리는 살아 숨 쉬는 생명체이기 때문에 우리에게서 왜곡된 그림자들만 걷힌다면 우리는 자신이 가진 무한한 생명력을 확인하려 하고, 좀 더 나은 자신을 추구하려는 활력에 가득 차게 되는 것이다.

좋은 것은 무엇인가? 인간에게 힘의 정서, 힘을 향한 의지를 불러 일으키는 것! 바로 힘이다. 나쁜 것은 무엇인가? 약함에서 유래 하는 것! 행복은 무엇인가? 힘이 더 커지고 저항은 극복되어지는 느낌! -『안티크리스트』

그것은 치유다. 그리고 그런 몸이야말로 치유의 장소이다.

그렇게 몸은 우리의 생각과 감정의 근거지이며, 동시에 우리 를 치유할 수 있는 치유의 장소이다. 몸의 소리를 듣고, 몸의 반 응을 살피는 것, 그것이 가장 빠른 치유이고, 가장 정확하게 자신 에게 닿는 법이다.

네 운명을
사랑하라

나 자신이 존재하지 않는다고 해도 나는 결
코 아쉬워하지 않을 것이다. 우리 모두 없어도 될 존재가 아닌가.

—『즐거운 학문』

수많은 사람들이 오랜 시간 스스로를 왜곡하고 부정해왔다.
자신을 사랑하고 발전을 꿈꾼다고 자부하던 사람들조차 조그마
한 역경에 흔들리고 자신을 부정하고 왜곡하기 십상이었다. 심
지어 자기 비하에 빠져 자신의 삶을 내던져버리고 파괴하려는
사람들도 많다. 하지만 자신의 감정을 직접 보고 몸과 역동적으
로 대화하기 시작하면, 그래서 자신의 실현경향성이 다시 살아
나기 시작하면, 삶은 더욱 밝아지고 역동적으로 변한다. 자신을

부정하던 수많은 사람들, 왜곡된 마음으로 고통받던 내담자들이 그렇게 자신의 실현경향성을 되찾았다.

이제 그들은 온전히 자기 자신을 받아들인다. 그동안 너무 힘들었다고 자신을 위로한다. 이제 '있는 그대로의 내가 되어도 괜찮다'고 말한다. 그것은 단순한 이해의 말이 아니다. 그것은 온몸으로 직접 느껴지는 자기에 대한 진정한 받아들임이고, 원래 타고난 생명력이 살아난 활력 넘치는 긍정인 것이다. 이런 모습을 로저스는 다음과 같이 묘사하고 있다.

"나는 놀라움을 느끼고, 지치며, 어떤 지지로부터 떨어져 나간 것처럼 느끼지만 또한 내 안에 감정이 복받치거나, 강한 힘을 느끼게 된다."

더 나아가 그것은 자신의 운명을 기꺼이 사랑하는 것이다. 자신의 못난 점과 불리한 현실들을 받아들이고, 그럼에도 기꺼이 존재할 만한 가치가 있음을 받아들이는 것, 그리고 그러한 자신을 꽃피우고자 다시 일어서려는 것, 그렇게 힘겹고 보잘것없어 보이는 운명조차 기꺼이 사랑하는 것이다. 이런 자신의 삶에 대한 사랑이 니체가 말한 '운명애' '아모르 파티^Amor Fati!', 바로 그것이다. 니체의 운명애는 결코 체념을 의미하는 것은 아니다. 고통스러운 삶을 그저 고통으로만 받아들이고 좌절하는 것이 아니다. 고통스러운 삶을 그저 끌어안고 사랑한다고 말하는 것도 아니다. 그것은 기꺼이 운명을 받아들이고 더 아름답게 꽃피우고자 하는 것이다. 그 고통과 위험마저도 자신의 삶에 도움이 되는 수단, 채찍이라고 긍정하는 것이다.

암담한 운명에 직면해서도 이를 오히려 아름다운 것으로 긍정하는 강인함, 그렇게 운명과 맞서 싸우는 위대한 영웅의 면모를 발휘할 수 있는 운명으로, 자랑스럽게 자신의 삶을 가꾸는 것이다. 그래서 니체의 말처럼 수없이 반복되어도 기꺼이 다시 살고 싶은 삶을 사는 것, 그렇게 나의 운명을 사랑하는 것이다. 그래서 다음과 같은 물음들에 망설이지 않고, 기꺼이 "예스"라고 대답하는 것이다.

"너의 이 삶을 다시 한 번, 그리고 무수히 반복해서 다시 살기를 바라는가?" -『즐거운 학문』

그대는 다음과 같은 물음에 답해야 한다. "과연 그대의 마음속 깊숙한 곳에서 지금 이 삶을 긍정하고 있는가? 그대는 정말 만족하고 있는가? 도대체 그대는 무엇을 바라는가?"(만약 그대의 대답이 진실로 긍정이라면 이 잔인한 삶에서 해방될 것이다.) -『반시대적 고찰』

그림자로부터
자유로운 입법자

이제 우리는 수시로 자신의 감정과 몸의 반응을 볼 수 있고, 자신의 욕구가 무엇인지 확실히 알 수 있다. 사회와 주변이 요구하는 기대와 통념이 무엇인지, 또 나의 욕구와는 어떻게 다른지 분명하게 구별할 수 있게 되었다. 진짜 나의 욕구와 강요되어왔던 거짓 욕구를 구별하게 된 이상, 우리는 타인의 기대와 사회의 요구에 더 이상 귀 기울이지 않게 된다.

나를 위해 나의 삶을 살아나가기를 원하지, 애써 막연한 사회의 욕구와 타인의 기대를 쫓아다니며 힘겹고 위선적으로 살고 싶지 않기 때문이다.

그렇다. 이제 더 이상 그 끈질긴 그림자들에 현혹되지 않고, 그 그림자들을 원하지 않게 된다. 이게 바로 니체가 요구했던 사물의 이치를 터득한 자에게는 모든 충동이 신성시된다.
그렇게 고양된 자의 영혼은 기쁨을 맛보게 된다.
-『차라투스트라는 이렇게 말했다』

진정한 그림자로부터의 탈피이고, 자유다. 그것이 자신의 몸과 대화하는 것의 가장 큰 장점이자 초인의 징표인 것이다. 이렇게 얻은 자유는 광인에게 주어졌던 자유와는 다르다. 신이 사라진 세계의 그 혼돈, 극단의 허무주의와는 완전히 차원이 다른 자유다. 되는 대로 사는 최후의 인간의 의지 없는 자유와도 다르다.

이제 우리는 서서히 자신의 감정을 신뢰하고, 우리의 몸을 믿기 시작했기 때문이다. 우리는 되도록 나의 감정과 몸의 반응을 따르고자 하고, 그렇게 하는 것이 나에게 진정한 안정감과 든든한 존재감을 선사한다는 것을 온몸으로 느끼고 있다.

사물의 이치를 터득한 자에게는 모든 충동이 신성시된다. 그렇게 고양된 자의 영혼은 기쁨을 맛보게 된다. ⌐차라투스트라는 이렇게 말했다」

또한 서서히 되찾은 힘에의 의지와 실현경향성, 이 발전하고자 하는 욕구가 나의 진정한 감정과 반응들을 굳건히 받쳐주고 있다. 나의 새로운 기준들은 후퇴하거나 안주하지 않는 기준들이며, 나를 꽃피우고 발전시키는 기준들인 것이다.

결국 나는 내 안에 가장 신뢰할 만한 기준들을 만들기 시작했고, 그것을 따르면서 안정감과 함께 발전을 도모하게 된다.

이제 자유정신은 알게 된다. '너는 해야 한다'에 이제껏 얼마나 자신이 복종해왔는지, 그리고 이제 무엇을 할 수 있는지, 비로소 무엇을 해도 좋은지를. ┘『인간적인, 너무나 인간적인』

그렇게 기준과 법이 사라진 벌판에서, 나는 나의 감정과 욕구라는 새로운 기준과 법을 세운다. 그렇다. 이것이 초인이야말로 진정한 입법자인 이유다. 이제 우린 우리의 몸을 기준으로 우리 삶 속에 법을 세우고, 더 이상 그 누구의 기대와 기준도 따르지 않는다. 오직 자신의 욕구, 자신의 기준만으로 하루하루를 살아간다.

너희들은 너희들의 마음에 드는 모든 것을 먼저 너희들 자신에게 명령해야 한다. ┘『차라투스트라는 이렇게 말했다』

결코 지울 수도 부정될 수도 없는 근원적인 힘이 힘에의 의지고 타고난 욕구다. 그 타고난 욕구에 충실히 살아가는 것이, 그렇게 스스로의 발전을 향해 나아가는 것이 바로 입법자다.

입법자는
이기주의자다

아무런 거리낌 없이 자신이 가진 욕구를 행동으로 옮기는 자, 자신의 기준으로만 삶을 살고자 하는 자, 그런 자가 입법자이기 때문에, 입법자는 어쩔 수 없는 '이기주의자'이다.

이기주의는 고결한 영혼의 본질에 속한다. (…) 고결한 영혼은 자신이 이기주의라는 이 사실을 한 점 의혹도 없이, 가혹함이나 강제, 인위적인 감정도 없이, 오히려 그것을 사물의 근본법칙의 바탕에 해당하는 것처럼 받아들인다. 그것에 대한 이름을 붙인다면 그의 영혼은 '그것은 정의 그 자체다'라고 말할 것이다. —「선악의 저편」

자신을 위해 자신의 기준을 따르고 싶어하는 것, 자신을 확장하고자 하는 것, 그것은 원래부터 타고난 아주 근본적인 욕구이고 힘이다. 그 힘은 그 어떤 순간에도 결코 부정될 수 없다. 심지어 자신을 부정하는 사람에게도.

자기 자신을 경멸하는 사람은, 그러면서도 언제나 경멸하고 있는 자기 자신을 존중한다. ─『선악의 저편』

그래서 입법자의 사랑은 그것이 무엇이든 결국 자기 자신에 대한 사랑이다.

하지만 이제껏 우리는 타고난 욕구에 충실한 것을 이기주의라고 부르며 얼마나 많이 비판하고 멀리했던가. 우리는 자신을 위하고 사랑하는 데 있어 얼마나 당당하지 못하고 눈치를 보아왔던가. 그래서 차라투스트라는 자기 사랑이 얼마나 중요한 것인지, 또 어떻게 해야 하는 것인지 손수 가르치기 위해 산을 내려왔다.

나의 가르침은 이것이다. 사람들이 건전하고 건강하게 자기 자신을 사랑하는 법을 배워야 한다는 것! 자기 자신을 참고 견뎌내면서 쓸데없이 방황하는 일이 없어야 하기 때문이다. 방황이라는 것은 스스로 자신에게 세례를 베풀고, 그 자신을 '이웃 사랑'이라 부른다. 하지만 지금까지 자행된 가장 고약한 기만과 위선 역시 바로 이웃 사랑이라는 말 아래서였다. ─『차라투스트라는 이렇게 말했다』

그에게 동정심은 오히려 자기 사랑을 방해하는 것, 위선적인 것일 뿐이다.

이웃에 대한 너희의 사랑은 너희 자신에 대한 좋지 못한 사랑일 뿐이다. 너희는 너희 자신에게서 도피하여 이웃에게로 달아난다. 그리고서 그런 행동을 일종의 덕으로 삼으려 한다. ─『차라투스트라는 이렇게 말했다』

그 모든 것은 나약함이고, 그림자에 질질 끌려다니는 모습이었다. 그래서 니체가 요구했던 것이다. 우리에게 필요한 것은 값싼 동정이 아니라, 이기적인 자기 사랑이라고.

감정을 말하고
감정을 듣는 자

자신의 욕구에 충실한 이기주의자, 우린 그런 자가 되어야 한다. 하지만 그것은 아주 섬뜩하기까지 하다.

내가 말하는 이기주의란 '우리는 존재한다'처럼 아주 당연한 것으로, 다른 존재는 자연히 종속되어야 하며 희생되어야 한다는 저 확고한 신념을 말한다. ㅡ「선악의 저편」

나를 위해 모든 것을 희생하는 것, 그것이 바로 자기 사랑이기 때문이다. 그래서 사람들은 망설이고 머뭇거리며 물을 수 있다.

그렇게 이기적이기만 하다면, 어떻게 우리가 사람들과 어울리고 또 함께 살아남을 수 있겠는가? 그것은 살벌한 투쟁만을 의미하는 게 아닌가?

　여기서 기억할 것은 입법자는 감정을 말하고 감정을 듣는 자라는 점이다. 그는 보통의 사람들처럼 이성을 앞세우고 논리로 말하지 않는다. 자신의 감정을 너무나 잘 알고, 그것을 정확히 표현한다. 무엇보다 그는 모든 사람이 이성적이고 논리적인 사람이라고 생각하지 않는다. 오히려 모든 사람이 다 감정적인 존재이고 감정에 충실해야 한다는 사실을, 스스로의 감정 경험을 통해 아주 잘 알고 있다. 그래서 감정을 말하고 감정을 듣는다.

　생각해보라! 이성은 옳고 그름을 말한다. 옳으면 선이고 틀리면 악이다. 그러니 늘 대화를 하다 보면 한쪽은 선이고, 한쪽은 악이 된다. 그러니 하나는 살아남고 하나는 죽어야 한다. 살벌한 전쟁은 피하고 싶어도 피할 수 없는 것이다.

　하지만 감정은 다르다. 감정은 그저 좋고 싫음이다. 각자의 기호다. 나는 좋을 수도 싫을 수도 있다. 물론 상대방도 좋을 수도 있고 싫을 수도 있다. 누가 옳고 그른 것이 아니다. 서로가 통일되고 논리적으로 일치되어야 할 것이 아니란 얘기다. 그러니 싸울 일이 없다. 그저 서로의 감정을 존중해주면 된다. '너는 너! 나는 나!' 식의 섬 사상을 실천하면 그뿐이다.

　그러므로 난 솔직하게 나의 감정을 표현하면 된다. 여기서 주의할 것은 바로 논리를 배제하는 것. 우리가 감정을 표현할 때 주로 논리를 내세워 말하려는 경향이 있기 때문이다. "너는 이 래서 잘못됐고" "나는 이래서 맞고, 당연한 거지"라는 식의 대화 는 전쟁을 불러일으킨다. 우리는 감정을 사용해 표현해야 한다 는 것을 기억해야 한다. "나는 이것이 좋아!" "많이 서운했습니 다"와 같은 감정 표현은 싸울 이유도 없고, 그저 "그렇구나"라는 호응을 이끌어낸다. 싸우려 해도 싸울 수가 없는 것이다.

또한 상대의 감정도 들어주어야 한다. 상대방이 그 어떤 논리 를 둘러대도, 결국 원하는 것은 자신의 감정을 알아달라는 말이 다. 우리는 상대의 논리에 맞대응해 치고받을 것이 아니라, 그 감정을 보고 듣고 그 감정이 있음을 알아주면 된다. 우리가 우 리 몸에 그렇게 했듯이 말이다. "서운했구나?" "속상했겠다" "좋 았겠구나!" 하고 상대방의 감정에 호응해주면 상대방도 어느 정 도 감정이 해소되고, 나의 이야기를 적극적으로 들으려 한다. 그에게도 발전하고자 하는 실현경향성이 되살아나기 때문이다.

일례로 칭얼대며 울고 있는 아이를 보라. 엄마가 "속상했구 나!" 하고 한마디를 했을 뿐인데, 아이는 언제 그랬냐는 듯 엄마 품에 와서 안긴다. 만약 엄마가 왜 울고 그러냐고 이유를 묻고 따지려 들면 아이는 더 크게 울어버릴 것이다.

게다가 감정을 듣는 자는 상대의 공격에 쉽게 휘말리지도 않는다. 비난하는 상대의 논리나 말의 내용보다 상대의 감정에 집중하기 때문에 언제나 차분하게 대화할 수 있다. 바로 이것이 자신의 감정과 몸의 반응을 보는 자, 입법자의 대화방식이고 관계 방식이다. 입법자는 미움받을 이유도 없고, 그래서 미움받을 용기를 낼 필요도 없다. 그저 자신의 감정을 솔직하게 말하고, 또 상대방의 감정을 들어주면 될 뿐이다. 그는 오직 자신의 욕구에 충실하면서도 상대와 싸우기보다 조화롭게 어울린다.

너 자신을 도와라! 그러면 모두가 너를 돕게 될 것이다. ─『우상의 황혼』

이 원리가 오늘날 유행하는 '감정대화'의 원리*다. 원리를 아는 자만이 언제 어디서나 그것을 실천할 수 있는데, 입법자가 바로 그런 자인 것이다.

---

* 로저스는 감정을 듣고 말함으로써 내담자의 마음을 열고, 치유했으며 실현경향성을 되살려냈다. 그의 제자 토머스 고든은 로저스의 대화법을 '나 메시지'와 '적극적 듣기'라는 이름으로 생활에 적용시켰다. 그의 대화법은 대화의 혁신을 일으켰고 감정대화의 모범이 되었다. 로저스와 고든은 자신들의 놀라운 대화법과 세상에 그것을 적용하려는 노력으로 노벨평화상 후보로 지명되기도 했다.

마음을 읽으려면 귀로만 들어서는 안 된다.
언어를 담고 있는 소리만 들어서는 안 된다.
상대의 상황이 어떤지,
상대의 감정이 어떻게 꿈틀거리며 흐르고 있는지,
상대의 생각이 어떤 선을 그으며
미끄러져나가고 있는지 함께 들어야 한다.

타인의 자아에 항상 귀를 기울이는 것,

이것이 바로 진실한 독서이다.

-『이 사람을 보라』

정말
잘 듣는 비결

우리는 잘 아는 사람일수록 나와 같다고 생각한다. 특히 가족이나 연인, 친한 친구라면 말하지 않아도 충분히 알 수 있을 거라고 생각한다. 하지만 섬 사상에서 지적하듯이 우리는 각자가 많은 것이 다르다. 생긴 것부터 자라온 환경, 지금 이 순간의 입장까지도.

그럼에도 우리는 이들을 친하다는 이유로 오랜 시간 함께했다는 이유로 같은 부류의 사람으로 취급한다. 그래서 수시로 너와 나를 대륙으로 착각하고, 대륙이 되라고 강요하기도 한다. 그리고 그것을 친밀함이라 부르며 친밀해졌다고 믿는다.

인간은 의식을 통해 아주 멀리 자신을 펼쳐나갈 수 있고 스스로에게 아주 객관적일 수도 있다. 하지만 그럼에도 불구하고, 그는 결국 자기 자신의 이야기만을 기록할 수 있을 뿐이다. - 『인간적인, 너무나 인간적인』

하지만 단순히 가깝고 비슷하다고 해서 친밀해지는 게 아니다. 오히려 매 순간 서로 다름을 직시해야 하고, 그것을 인정하고 존중해야 진정으로 친밀해질 수 있는 것이다.

"너는 동쪽으로 가라. 나는 서쪽으로 갈 것이다." 이렇게 느낄 수 있는 것은 친밀한 사이의 인간성을 보여주는 최고의 특징이다. 이러한 감정이 깔리지 않은 것이라면 모든 우정과 우애는 언젠가 위선이 되고 말 것이다. -『인간적인, 너무나 인간적인』

서로의 차이를 인정하는 것은 각자의 존재를 인정하는 것이다. 각자가 각각 존재의 의미를 갖기 때문이다.

대화 또한 크게 다르지 않다. 너와 내가 크게 다를 게 없다는 생각, 바로 이 혼동 때문에 우리는 상대방의 말을 정확히 들을 수 없는 것이다. 상대는 분명 다른데, 다른 점을 말하고 있는데, 내 귀는 모두 나와 같은 것으로 듣기 때문이다.

우리가 서로 다르다는 사실이 자명할 때, 넘겨짚지 않게 된다. 그의 생각과 나의 생각을 하나로 묶지 않을 때 비로소 상대방이 말하는 그대로를 듣게 된다. 그것이 바로 듣는 자의 모습이다. 단, 그런 사람이 드물 뿐.

다른 사람을 판단하려고 하지 않으며, 그 사람에 대해 추측하는 것을 삼가는 것은 결코 사소하지 않은 인간미의 표시이다. ㄴ「아침놀」

가장
인간적인 행동

우리는 대화를 한다. 나의 마음이나 입장을 전하기 위해, 함께 생활하거나 일을 하기 위해, 또는 상대가 나의 의견에 공감하고 함께하기를 바라는 마음에서. 그 과정에서 서로에게 도움이 되고 좋은 일도 있지만, 반대로 상대의 결점이나 마음에 안 드는 점도 드러난다.

우리는 그것을 지적하고 개선해주기를 바라며, 그것에 대한 다양한 논리와 근거를 제시한다.

하지만 종종 내 의도와 내 논리가 상대방에게 잘 납득되지 않고, 오히려 반론만 많아지는 경우도 생긴다. 그럴 때 우리는 어떻게 대처하는가?

보통은 더 강력한 논리, 더 강력한 근거를 들이대기 위해 우리

가 가진 모든 기억과 모든 어휘를 찾아내려 애를 쓰곤 한다. 그
것은 우리 대화의 중심 방향이 상대방이 얼마나 잘못하고 있는
지, 상대방이 얼마나 잘못 생각하고 있는지, 상대방이 얼마나
잘못된 논리를 가지고 있는지를 드러내는 데 집중하고 있기 때
문이다.

나를 이해시키고 서로가 공유할 만한 좋은 결론을 꿈꾸었지
만, 어느새 상대방이 적이라도 되어버린 양 서로 공격을 가하고
있는 형국이 되어버린다.

이제 마음과 마음이 오가는 대화가 아니라, 서로의 가슴과 가
슴에 비수를 꽂는 전투가 되어 대화를 통한 화해나 문제 해결은
물 건너 가버리는 것이 보통이다.

이렇게 되어버리기 전에 우리는 니체의 말을 기억할 필요가
있다.

그대는 어떤 사람을 악하다고 하는가? 언제나 모욕하려는 사람.

─『즐거운 학문』

그렇다. 우리가 상대방의 단점을 전면적으로 들춰내고 상대방
의 논리를 비판하기 시작하면서 이미 상황은 전쟁으로 변질되

어버렸다.

상대가 나를 비난하는 순간, 이미 그는 적이고 그의 말은 들리지 않는다. 그러니 제발 상대방의 '감정'부터 보아야 한다는 것을 기억하자. 우리는 인간이 얼마나 자기 평가에 예민한지, 자기 자존심을 지키기 위해 매 순간 긴장의 끈을 놓치지 않고 있음을 알 필요가 있다.

'내가 세계의 중심이다'라는 느낌은 우리가 갑자기 치욕스러움에 빠져들었을 때 매우 강하게 일어난다. 이런 경우 사람들은 파도 한가운데서 마비되어 서 있는 것처럼 느끼고, 모든 방향에서 우리를 내려다보며 꿰뚫어보는 커다란 눈에 압도되어 아무것도 보이지 않는 것처럼 느껴진다. ─「아침놀」

우리는 그 무엇보다 우리의 자존감을 해치는 것, 우리를 부정하는 모든 것에 대해 가장 크게 신경쓰고 있다는 사실을 잊지 말아야 한다.

다른 사람이 우리의 약점을 알아보고 있는지를 살피는 우리의 감각은, 다른 사람의 약점을 관찰하는 우리의 감각보다 훨씬 더 민감하다. ―『인간적인, 너무나 인간적인』

심지어 우리는 기억을 조작해서라도 자신을 지키기 위해 애를 쓴다.

내 기억은 "이것을 내가 했다"고 말한다. 하지만 내 자부심은 내가 그러한 것을 했을 리 없다고 말하며 냉정해진다. 결국 기억이 양보하게 된다. ―『선악의 저편』

그렇기 때문에 우리가 진정으로 상대와 대화하고 싶다면, 상대와 뭔가를 공유하고 싶다면, 결코 그의 자존심을 망가트려서는 안 된다. 우리가 아는 한, 자기가 틀렸다는 사실을 받아들이는 것이 가장 괴로운 감정 중 하나이기 때문이다. 그것은 부정한다고 부정되지 않는 감정, 자신을 지탱하는 감정이기 때문이다. 상대를 부정하지 않고, 자존심을 지켜주며 대화할 때 온전한 대화, 반감이 없는 대화가 가능하다. 이것이야말로 감정을 듣는 것이기도 하다.

니체는 바로 이런 대화만이, 이성과 감성을 가진 인간이 '인간답게 하는 대화'라고 생각했다. 오직 공격 본능만 가지고 으르렁

대는 포효가 아닌 인간의 인간적인 대화, 가장 인간적인 행동이라고 생각했던 것이다.

그대에게 가장 인간적인 것은 무엇인가? 누군가의 부끄러움을 덜어내주려는 것. -「즐거운 학문」

제8장

자신의 길을
가는 자는
춤추듯 간다

"그대는 아직도 그대를 찾지 못했다.
오히려 그대는 나를 발견했다.
믿는 자들이란 모두가 다 이 모양이다.
그러니 믿음이란 것이 그토록 가치가 없는 것이다.
나는 지금 그대에게 나를 버리고 그대 자신을 찾으라고 명한다.
그대가 나를 완전히 부인할 때, 바로 그때
내가 돌아오게 될 것이다."

─『이 사람을 보라』

사자가 못한 일을
어린아이가 한다

그림자로부터 자유로운 자, 그러면서도 자신의 감정과 욕구에 맞게 살아가는 자, 그가 '입법자'다. 그런 입법자의 모습을 니체는 '어린아이'에 비유했다. 우리가 입법자를 충분히 이해했다면, 왜 그가 어린아이인지, 차라투스트라는 왜 또 다음과 같이 말했는지 명료하게 이해할 수 있다.

나는 지금 너희들에게 정신의 세 단계 변신을 말하려 한다. 정신이 어떻게 처음 낙타가 되고, 낙타에서 어떻게 사자가 되고, 마침내 사자가 어떻게 어린아이가 되는지를. ─「차라투스트라는 이렇게 말했다」

우리의 처음 정신인 낙타는 힘겨운 짐을 지고 말없이 고통을 감내하는 동물이다. 힘겨운 사막을 오가면서도 불평 한마디 없고, 주인을 위해 기꺼이 무릎을 꿇는다. 마치 수많은 그림자를 등에 지고 살아온 이제까지의 우리들처럼.

세상의 의무와 관습이라는 무거운 짐을 진 우리의 정신은 그렇게 사막을 향해 총총히 걸어 들어간다. 그리고 그 쓸쓸하기 짝이 없는 사막에서 정신은 변화가 일어 사자가 된다. 사자는 자유를 원한다. 그래서 자신의 주인인 신과 대적하고자 한다. 신은 거대한 용이 되어 금빛 비늘을 번쩍이며 그의 앞에 서 있다. 비늘마다 '너는 해야 한다'는 글자가 번쩍인다.

사자는 그에 맞서 "나는 하고자 한다"를 외치며 포효한다. 그는 이제 절대적 가치, 하나의 가치가 존재하지 않음을 안다. 그래서 용기를 내어 신과 신의 그림자들에 맞서는 것이다.

하지만 차라투스트라는 이제 사자가 어린아이가 되어야 한다고 말한다. 왜 사자가 한낱 어린아이가 되어야 하는가?

먼저 어린아이는 천진난만하기 때문이다.

아이들에게는 부끄러움이나 죄책감이 없다. 윤리고 도덕이고 관습이고 아는 게 없다. '천진난만' 그 자체이다. 오히려 매번 싱글벙글 웃고 있지 않은가. 아무것도 모르고 그저 희희낙락거리며 뛰노는 것, 그 가벼움이 바로 천진난만이고, 아이가 가진 본래의 모습이다.

그러니 어린아이는 사자보다 강할 수밖에 없다. 사자는 힘겹게 용과 싸워 관습이나 의무, 죄책감으로부터 자유를 쟁취하지만, 어린아이는 그런 것은 알지도 못한 채 그저 타고난 대로 즐기고 있기 때문이다. 그저 그렇게 희희낙락거리며 자유를 누린다.

무엇보다 아이들은 타고난 대로 선택하고 움직인다. 아직 배운 것도 없고 지켜야 할 규칙이나 도덕도 모르니 그저 욕망이 시키는 대로 행할 뿐이다.

그렇기 때문에 어린아이는 사자가 하지 못한 것을 한다. 사자는 용과 싸워 자유를 얻었지만, 새로운 자기만의 법은 세우지 못했다. 신의 법을 폐기했지만 새로운 법을 어떻게 세워야 하는지 전혀 알지 못했던 것이다.

하지만 어린아이는 자신의 감정과 자신의 느낌, 욕구대로 마음껏 움직인다. 그에게는 그것이 법이다. 즐겁고 기분 좋은 것은 행동으로 옮기고, 불쾌하고 불길한 것은 피한다. 몸이 하라는 대로 호기심이 이끄는 대로 마음껏 활동한다. 그는 이미 입법자인 것이다.

무엇보다 어린아이에겐 그늘이 없다. 걱정이 없기 때문이다.

정확히 말해, 스스로 걱정을 만들지 않기 때문이다.

이 사랑스러운 '인간 동물'은 잘 생각한다는 것을 기분이 음울한 상태에 있는 것이라고 이해하고 있다. 그래서 '웃음과 즐거움이 있는 곳에서의 생각을 무익하다'고 말한다. 이것이 '즐거운 지식'에 대한 진지한 동물들의 편견인 것이다. ─「즐거운 지식」

어른들은 옳은 판단, 현명한 판단을 하기 위해 스스로 진지해진다. 그러고는 고작 한다는 것이 스스로 신의 노예, 명분의 노예가 되어버린다. 그들은 기쁨과 즐거움, 만족을 찾기보다 의무와 책임에 자신을 옭아맨다. 그렇게 어른들은 많은 시간과 에너지를 투자해서, 거의 주객이 전도된 바보짓을 하고 있는 것이다.

그러나 어린아이는 그와 반대다. 그래서 아이는 노련한 강자인 것이다. 아이는 그저 자신의 감정에 충실하고 자기 몸이 하라는 대로 따른다. 즐겁고 행복하고 싶은 자신의 욕구에 충실하기 때문에 언제나 해맑게 웃으며 즐거움과 기쁨을 만끽한다. 하지만 그 단순한 행위가 이미 자유로운 자, 강한 자, 초인의 경지인 것이다.

나는 우리 자신을 뛰어넘어 상승하는 법과 해맑게 미소 짓는 법을
함께 배웠다. 우리의 발아래에서 강제와 목적, 그리고 죄의식이라
는 것이 마치 비처럼 희뿌연 연기를 뿜어낼 때, 밝은 눈을 하고 저
높은 곳에서 아래를 내려다보며 해맑게 미소 짓는 법을 배웠다.

─『차라투스트라는 이렇게 말했다』

무엇보다 매사에 기뻐하는 자가 삶을 싫어할 수는 없다. 웃음
과 기쁨이 가득한 자가 삶을 부정할 수는 없는 것이다. 삶을 기
쁘게 받아들이는 것, 그것이 바로 삶의 긍정이 아니던가.

진정한 초인의 힘은 그렇게 지치지 않는 삶의 긍정에서 나온
다. 그러므로 어린아이는 더할 나위 없이 이미 초인인 것이다.

놀기 위해
태어난 자

아이들의 천직은 놀이다. 그들은 시도 때도 없이 논다. 눈을 뜨자마자 노는 것을 찾고, 밥을 먹자마자 다시 노는 것을 찾는다. 놀이의 목적은 놀이 그 자체다. 놀이는 무엇을 이루고자 하는 행동이 아니다. 물질적 관심이나 소유욕보다 먼저 즐거움과 재미, 기쁨이 앞선다. 그 기쁨이 놀이를 선택하는 동기이거나 놀이를 지속하는 동력이다. 우리는 그 증거를 놀이를 하는 아이들의 웃음소리에서, 발랄한 몸짓에서 찾을 수 있다. 사실 어른들에게조차 놀이는 그런 것이다.

저 사람은 유쾌한 진리를 붙잡기 위해, 이 사람은 불쾌한 진리를 붙잡기 위해 사냥한다. 그러나 유쾌한 진리를 좇는 사람조차 포획

물보다는 사냥 그 자체에서 더 즐거움을 느낀다. ―「아침놀」

무엇보다 놀이가 중요한 이유는 그것이 생명의 리듬이고 우주의 리듬이기 때문이다. 모든 사물이 존재하는 변화와 변형, 흐름의 형식이다.

생성과 소멸, 건설과 파괴는 아무런 도덕적 책임도 없이 영원히 동일하고 순진무구한 상태에 있다. 그저 이 세계에는 오직 예술가와 어린아이의 유희만 있을 뿐이다. 어린아이와 예술가가 놀이를 하듯 영원히 생동하는 불은 순진무구하게 놀이를 하면서 세웠다가 부순다. ―「유고」

그렇다. 놀이는 끊임없이 반복되는 사물의 일이다. 쌓았다 부수고 쌓았다 부수고……. 하지만 바로 이것이 우주를 풍요롭게 하고 자연을 알차게 해온 것이다. 꼭 무엇을 만들기 위해 쌓았다 부수는 것은 아니지만 놀이는 그렇게 세상을 풍요롭게 한다. 인간의 놀이 또한 타고난 일부이고, 쌓았다 부수고 쌓았다 부순다. 아이도 어른도 놀고 또 놂으로써 우리 삶 또한 더욱 풍요롭고 알차지는 것이다.

놀고 또 노는 것은 또한 마음을 온전히 쏟아내는 것이다. 쌓았다 부수고 또 쌓았다 부수면서 놀이는 우리를 흠뻑 젖어들게 한다.

> 만들어내거나 변형하는 일에서 느끼는 쾌감은 하나의 근본적 쾌감이다. —『힘에의 의지』

즐거운 쾌감에 흠뻑 젖는 것, 그것은 집중이고, 몰입이다. 이러한 몰입에 능한 자가 놀고 또 노는 자, 아이인 것이다.

게다가 아이들은 쉽게 잊어버린다. 이 장난감을 열심히 가지고 놀다가 또 언제 그랬냐는 듯 이 장난감을 버리고 다른 장난감에 매달린다. 그들은 싸우기도 하지만, 금세 다시 어울리며 헤헤거린다. 장난감을 놓고 서로 자기 것이라고 주먹다짐을 하다가도 언제 그랬냐는 듯 다시 손잡고 노는 것이다. 아이들이야말로 망각의 천재이다. 아이가 가진 무한한 호기심, 무한한 도전 욕구, 기쁨에 대한 열망이 빨리빨리 새로운 것을 향해 달려가게 하기 때문에 아이들은 그 무엇을 기억에 담아둘 여력이 없는 것이다.

중요한 것은 니체에게 망각은 그저 하나를 지우는 것이 아니라는 점이다. 오히려 망각은 수만 개를 만드는 것이다. 기존의 방법이나 기존의 습관을 잊고, 이제까지 없었던 새로운 접근, 새로운 방법을 얻는 것이다. 이제껏 없었던 무수한 형태, 무수한 방법들을 만들어내는 것이다.

아직 어느 누구의 발길도 닿지 않은 길이 천 개나 있다. 천 가지의 건강법이 있고, 천 개의 숨겨진 생명의 샘이 있다. 너무나도 무궁무진하여 아직도 발견되지 않은 것이 사람이며 사람의 대지이다.
－『차라투스트라는 이렇게 말했다』

그저 자신의 감정에 솔직한 아이는 그렇게 놀고 싶어 놀고 또 논다. 몸의 소리에 익숙한 아이는 아무런 목적도 의무도 없이 그렇게 놀고 또 논다. 이러한 아이의 놀이는 몰입이 되고, 망각이 되고, 또다시 창조의 작업이 된다.

천재는
낭비하는 자다

일을 하다 보면 꼭 이런 사람들이 있다. 물론 가끔 나도 그렇다.

'10'을 달성하기 위해 딱 '10'만 노력하려는 자들,

'10'을 달성하기 위해 '11'을 노력하면 억울해하는 자들,

'5'밖에 하지 않고 '10'이 보이지 않는다고 안달하는 자들,

나는 이런 자들을 보며 도둑놈 심보라고 말한다.

대부분의 일은 '8'은 되어야 '10'이 보이기 시작하고,

대부분의 일은 예측하지 못한 문제들로 인해,

생각과 다른 방향으로 가버리는 착오들로 인해,

예측 불가능한 다양한 우연들로 인해,

생각보다 더 많은 노력이 들어가기 마련이다.

하지만 우리는 그 모든 노력들을 헛수고했다고 불평한다.

그래서 니체는 헛수고와 낭비를 권장한다.

작업이나 업적에 있어서 천재는 필연적으로 낭비하는 자다. 전력을 다하는 것. 이것이 그의 위대함이다. (…) 발산되는 힘의 압도적 압력이 그에게 몸사림과 신중함을 금하기 때문이다. (…) 그는 발산하고, 넘쳐흐르고, 자신을 탕진해버리며, 자신을 아끼지 않는다. 이것이 운명이고, 숙명적인 것으로 자연스럽게 그렇게 되는 것이다. 강물이 자연적으로 범람하는 것처럼 말이다. _「우상의 황혼」

우리는 기꺼이 낭비해야 한다.

한두 개 노력하고 준비한다고 일이 이루어지지 않는다.

기꺼이 낭비하기 위해, 기꺼이 그 많은 노력을 쏟아붓고 버티기 위해, 우리는 즐겨야 한다.

놀고 또 즐겨야 한다. 즐기고 또 즐겨야 버틸 수 있는 것이다. 아낌없이 쏟아부을 수 있는 것이다.

니체의
주사위

아이들의 놀이를 더욱더 즐겁게 만드는 것은 '우연'이다. 한 점 우연도 없이 이미 정해진 대로 착착 진행되는 것은 이미 놀이가 아니라 일이 아닌가? 이미 뻔한 결과를 보고 무엇을 기대하고 무엇을 꿈꾸겠는가?

그래서 차라투스트라는 하늘과 땅, 그리고 이 세상이 자신과 신들이 주사위 놀이를 하는 '신들의 탁자'라고 말한다.

맨 처음 주사위를 던지면 어떤 수가 나오겠는가? 모른다. 그때그때 다르다. 다시 한 번 주사위를 던지면 또 어떠한가? 역시 알 수 없다.

그래서 니체가 말하는 세상은 필연이 아닌 우연으로 가득한 세상이다.

내 머리 위의 하늘이여! 그대 순수하고 높은 자여! 내게 있어 영원한 이성이라는 거미도 거미줄도 없는 것이 그대의 순수함이렸다! 그대는 나에게 있어 신성한 우연이 뛰어노는 무도장이고, 신성한 주사위와 주사위 놀이를 하는 자를 위한 신의 탁자이다! ─「차라투스트라는 이렇게 말했다」

하지만 우습게도 많은 사람들이 법칙을 찾고 필연을 찾아 헤맨다. 그 법칙이 우리에게 목적을 부여하고 의미와 방향을 제시한다고 믿고 싶은 것이다. 하지만 니체는 단호히 말한다. 그런 것은 애초에 존재하지도 않았다고. 오직 우연만이 있을 뿐. 물론 우리는 그 우연을 통해 약간의 추측만 가능하다. 약간의 패턴 정도만 알 수 있을 뿐이다.

약간의 지혜는 가능하다. 나는 이러한 행복한 확신을 만물 속에서 발견한다. 그렇게 모든 것은 우연이라는 발로 춤추고 싶어한다. ─「차라투스트라는 이렇게 말했다」

그러므로 우리는 필연이나 법칙에 집착할 것이 아니라, 그 우연들을 가지고 멋지게 융합해내야 한다. 우리 삶을 우연의 아름

나는 나의 냄비 속에
모든 우연을 쏟아 넣고 끓인다.
그 안에서 우연이 잘 요리되었을 때에라야
마침내 그것을
나의 음식으로 기쁘게 받아들인다.
— 『차라투스트라는 이렇게 말했다』

다운 하모니로 가꾸어나가야 하는 것이다.

나는 신을 부정하는 차라투스트라다. 나는 나의 냄비 속에 모든 우
연을 쏟아 넣고 끓인다. 그 안에서 우연이 잘 요리되었을 때에라야
마침내 그것을 나의 음식으로 기쁘게 받아들인다. ─「차라투스트라는 이
렇게 말했다」

하지만 겁쟁이들, 세상을 잘 안다고 떠벌이는 자들, 학자들은
어떠한가? 그들은 우연을 필연으로 만들기 위해 애를 쓴다. 예
측할 수 없는 모든 것이 두렵기 때문이다. 그래서 확률을 만들
어낸다.

학자들은 주사위를 던지고 확률값을 찾아 나선다. 던지면 던
질수록 확률값에 가까워진다. 이제 그들은 진리를 확신하고, 더
이상 주사위를 던질 필요가 없어진다.

하지만 아이들은 어떠한가? 그들은 주사위를 던질 때마다 호
기심과 기대감에 들뜬다. 무엇이 나올까? 이번에는 어떻게 변할
까? 던지면 던질수록 더 신나고 더 흥미진진한 일이 벌어진다.
다음에는 또 무엇이 나올지 기대하며 아이들은 주사위를 더 많
이 던지게 된다.

그들은 주사위 던지기를 학문이라고 부르면서 땀을 흘린다. 반대로 아이들은 놀이를 하고 싶어하는 법이다. 참으로 그것이야말로 아름다운 아이다움이며, 조금 웃는다고 놀이에 방해가 되는 것은 아니다. ―「유고」

세상은 그렇게 무수히 반복되어왔지만, 가끔은 생각지도 않은 다른 숫자도 나오지 않았던가? 인류의 역사에는 당시로는 생각하지도 못했던 많은 혁명적 사건들이 있지 않은가? 누가 구석기 시대에 달나라를 갈 것이라고 믿었겠는가? 학자들은 그것을 모른다. 겁쟁이들은 그것을 보지 못한다.

반면 아이들은 어떠한가? 아이는 그저 놀고 또 우연을 즐기지만, 생각지도 못한 많은 기쁨과 예측할 수 없는 새로움들을 만들어내지 않는가. 기꺼이 우연을 즐기고 만끽하면서, 알 수 없는 미지의 세계에 흔쾌히 발을 들여놓는 것이다.

위험하게
살아라!

　　우리가 갖는 괴로움과 좌절의 배후에는 대부분 두려움이 똬리를 틀고 있는 경우가 많다. 그 마음을 가만히 바라보고 있으면, 그 정체 또한 금방 알 수 있다. 거기에는 더 이상 순탄하지 못할 것만 같은 두려움, 더 이상 안정과 평화가 지속될 수 없을 것만 같은 두려움, 더 크게 전락하고 말 것이라는 공포, 바로 그것이 꿈틀대고 있다. 그래서 괴로움과 좌절을 피하고 싶은 만큼이나 불안과 두려움도 원치 않으며, 기쁨과 성공을 기대하는 만큼이나 안정과 평화를 기대한다.

　　순탄하고 평탄한 삶, 안정과 평온……. 우리는 그렇게 늘 이것을 꿈꾸고 갈망한다. 하지만 너무도 당연해 보이는 이 욕구가, 오히려 우리를 힘겨운 감정으로 몰아넣는 주범이 되곤 한다. 우리가 안정과 평탄을 갈망하는 만큼 우리는 그것을 위협하는 아주 작은 위험과 불안정함도 용납하려 들지 않는다. 모든 위험과 위협, 예측할 수 없는 우연들에 신경을 곤두세우고 모든 순간을 벌벌 떨며 살아가게 만들기 때문이다.

바로 그런 이유로 니체는 안락이 우리의 목표가 아니라고 말한다. 오히려 그것은 비웃어야 할 것, 경멸해야 할 것이라고 말한다. 모두가 목숨을 걸고 투쟁하는 각축장에서 혼자만 유유자적 안정을 꿈꾸고 평화를 갈구한다는 것! 이 얼마나 안일하고 나약한 수작인가?

그래서 그는 이런 나약한 마음을 쇠퇴의 징후라고 꼬집었다.

영원히 살고 싶다는 것이나 죽지 않을 수만 있다면 하고 바라는 것은 그 자체가 이미 노쇠한 감정의 징후다. 더 충실하고 더 성실하게 살아가는 사람일수록 하나의 훌륭한 감정을 위해 생명을 바칠 각오가 되어 있기 때문이다. —「인간적인, 너무나 인간적인」

사람들은 물을 것이다. 안정과 평온을 추구하는 것이 왜 나약한 생각인가? 왜 비현실적인 생각인 것인가?

그렇다면 되묻고 싶다. 우리의 몸은 지금 평화롭다고 믿는가?

지금 이 순간도 우리 몸은 무수한 투쟁을 하고 있다. 우리 몸에서 조금만 면역력이 떨어져 버리면 우리는 병들고 종국에는 썩게 된다. 죽은 시체를 보라! 얼마나 빨리 부패하는지……. 그만큼 살아 있다는 것은 끊임없이 '투쟁 중'인 것이다.

니체의 말대로 우리는 모두 언제나 힘에의 의지를 추구하고 싶어하고, 그렇기 때문에 경쟁과 투쟁이라는 현실에 놓여 있을 수밖에 없다. 힘을 포기한다는 것은 평화를 추구하는 것이라기보다 나약해져 있다는 것이며, 늙고 쇠약해진 것뿐이다. 심지어 우리는 안정과 안락이 오래 지속되면 권태마저 느끼게 된다. 그것이 인간이다.

그런데도 아직 안정과 순탄함, 평화를 꿈꾸는가? 어쩌면 그것이야말로 가장 고약한 심보가 아닌가? 그것은 자신에게 필요한 것만, 유익한 것만 이 세상에 존재하기를 바라는 망상 수준의 기대심리일 뿐이다. 마치 햇볕 쨍쨍한 좋은 날만 계속되기를 바라는 것, 한 번도 아프지 않기를 바라는 것과 같은 것이다. 하지만 누구나 알고 있듯이 그 결과는 세상이 사막이 되는 것이고, 우리가 면역력을 가질 기회를 잃는 것일 뿐이다. 둘 다 결과는 파멸이다. 그럼에도 여전히 안정과 순탄함을 꿈꾸는가? 어쩌면 그것은 세상이 우연으로 가득하다는 사실을 너무 두려워하는 것일 수도 있다. 너무 두려운 나머지 우연을 회피하고 싶은 발버둥일 수도 있다. 하지만 그렇다고 우연이 우리를 피해가진 않을 것이다. 그러므로 기꺼이 우연을 받아들일 일이다. 우연은 받아들일 때, 이미 모험을 받아들이는 것이기 때문이다. 이미 예측할 수 없는 미래에 도전장을 던지는 것이기 때문이다.

세계의 혼미하고 불안정한 성격을 부인하려 해서는 안 된다. -「힘에 의 의지」

잊지 말자!

세상에는 기쁨도 있고 순탄함도 있고, 발전도 있지만, 슬픔도 있고 역경도 있고 퇴보도 있는 법이다. 안정도 있고 위험도 있는 법이다. 안정이란 말은 이미 위험을 전제로 나온 말이 아닌가! 이 모든 것은 따로 존재할 수 없는 것들이다. 그리고 세상 역시 필연적인 것만큼이나 우연으로 가득한 것이 현실이다.

그러므로 니체는 대담하게 선포한다. 위험하게 살라고. 위험하게 사는 것만이 제대로 사는 것이며 당당하게 사는 것이라고. 생동감 있게 살아 숨 쉬며 힘 있게 사는 것이라고.

실존에 대한 가장 커다란 결실과 향락을 수확하는 비결은 이것이다. 위험하게 살아라! 그대들의 도시를 베수비오 화산가에 세워라! 그대들의 배를 미지의 바다로 내보내라! 그대와 견줄 만한 인간들, 그리고 그대들 자신과의 싸움 속에서 살아라! 그대들 인식하는 자들이여. 지배하고 소유할 수 없다면, 약탈자나 정복자가 되어라!

―『즐거운 학문』

저절로
춤추는 발

어린아이가 한없이 자유롭고 한없이 역동적으로 살아가는 가장 확실한 이유가 있다. 그것은 아이가 온몸으로 생각하고 온몸으로 행동하기 때문이다. 아이는 모든 순간, 몸 그 자체인 것이다.

"나는 신체이자 영혼이다." 어린아이는 이렇게 말한다. (…) 그러나 깨어난 자, 깨달은 자는 말한다. 나는 오직 신체일 뿐 그 밖의 아무것도 아니다. 영혼이란 신체 속에 있는 그 어떤 것에 붙여진 이름에 불과한 것이다. ㅡ「차라투스트라는 이렇게 말했다」

아이는 말보다 온몸으로 자신을 표현하고 온몸으로 자신을 발

산한다. 말이 아닌 몸으로, 모든 속박을 벗어나 자유롭게 욕구를
분출해내는 것, 그것이 바로 '춤'이다.

인간적, 사회적, 도덕적 속박들일랑 모두 다 쓸어버리고, 어린아
이처럼 춤추고 뛰어보자. ⌐『유고』

춤이야말로 모든 아이다움이 응축된 행위다. 여기서의 춤은
정해져 있는 규칙을 따라 추는 춤이 아니다. 내 몸이 가지고 있
는 템포와 리듬만을 의지한 채, 오직 자신만의 몸에서 울리는
말로 되지 못한 모든 것들을 노래하는 행위다. 그 어떤 규칙에
도 얽매이지 않는 천진난만한 자유, 오직 자신만의 욕구와 몸의
흐름에 따라 발산되는 손짓과 발짓, 리듬에 맞추어 역동하는 심
장과 그 심장을 통해 살아 움직이는 역동적 즐거움, 춤사위 하
나하나에 날려 보내며 망각되는 슬픔, 아쉬움, 두려움, 이것이
바로 춤이다. 춤이야말로 타고난 우리 몸의 자연스러운 표현이
고 몸의 노래다.
춤은 그래서 아이다움의 결정체고, 가장 고양된 초인의 행동
이다.

웃음 속에 온갖 악이 서로 이웃하고 있더라도 악은 그 자체의 행복을 통해 신성시되고 또 사면될 수 있기 때문이다. 모든 무거운 것이 가볍게 되고, 신체 전체가 춤추는 자가 되며, 정신 전체가 새가 되는 것! 그것이 내게 있어서 알파이자 오메가라면, 진정 그것이야말로 내게 알파이자 오메가가 되는 것이다! ─『차라투스트라는 이렇게 말했다』

바로 이런 춤을 가장 잘 나타내주는 작품이 『그리스인 조르바』다. 영화에서나 소설에서나 『그리스인 조르바』의 압권은 바로 조르바가 춤추는 장면이다.

작품의 말미에서 서술자와 조르바는 모두 사랑하는 사람을 잃고, 성공을 거머쥐고자 했던 석탄 광산도 무너져버린다. 모든 걸 잃고 모든 것이 실패로 돌아가 버린 것이다. 이때 조르바가 서술자인 나에게 가르쳐준 것이 춤추는 법이다. 그들은 춤을 통해 이제껏 가슴에 품었던 꿈과 고민, 그리고 실패에서 오는 좌절과 두려움을 온몸으로 뿜어내기 시작한다. 너울너울 팔다리를 하늘 위로 날리며, 발끝이 몸의 템포에 맞추어 떴다 내려앉기를 반복한다. 물결 소리와 바닷바람, 조르바와 나는 하나가 된다. 그들은 그렇게 한참 동안 춤을 춘다. 자신들 안에 있는 모든 것들이 되새겨지고 그 되새김이 춤이 되어 모두 다 날아가 버릴 때까지. 다음 날이면 그들은 언제 그랬냐는 듯, 모든 것을 툴툴 털어버리고, 각자의 길을 떠난다.

이것이 바로 춤이다. 자신 앞에 닥친 모든 운명을 말보다 온몸으로 받아내며 표출해내는 것, 그 거리낌 없고 자유로운 발산으로 인해 모든 불행과 두려움을 날려버리는 것, 그래서 어떤 상황에서도 굽히지 않는 긍정을 되찾는 것, 그것이 춤이다.

대지에 수렁과 깊은 슬픔이 있다 해도, 발이 가벼운 자는 진창 위를 사뿐히 걸으며 마치 반반한 얼음 위를 유영하는 것처럼 춤을 춘다. ─『차라투스트라는 이렇게 말했다』

조르바처럼 니체도 춤을 가장 강력한 적과 싸우는 초인의 전술로 내놓았다.

초인의 가장 강력한 적인 '중력의 영'은 숱한 관념과 도덕, 의무로 우리를 짓누르고, 진지함이라는 허황된 잡념을 강요하며 우리를 음울하게 몰고 가는 주범이다. 이런 악령을 상대하기에는 생각이 아닌 가볍게 너울대는 춤만이 끊임없이 밑으로 우리를 끌어당기는 악한 중력의 영을 뿌리치고 날 수 있게 한다.

내가 나의 늙은 악마요 최대의 원수인 중력의 영과 그것이 창조한 모든 것, 즉 강제, 규정, 필요와 결과, 목적과 의지, 선과 악 등을 다시 발견한 바로 그곳에서, 실로 그것을 뛰어넘어 춤추고, 또 춤추며 저편으로 건너갈 수 있는 그런 것이 존재해야 하는 것이 아닌가? -「차라투스트라는 이렇게 말했다」

다행인 것은 우리가 이 춤을 누군가에게서 특별히 배우지 않아도 된다는 점이다. 오직 나 스스로를 되찾으면 되는 것이다. 내가 가진 진정한 감정과 느낌들을 직시하고 온몸으로 표현해내면 그뿐. 우리는 이미 우리 안에 그 춤을 타고났다. 우리 스스로를 찾으려 할 때 우리는 저절로 춤을 추기 시작할 것이다.

너의 작은 손은 그저 짝짝이를 두 번 쳤을 뿐인데, 나의 발은 벌써부터 춤을 추겠다고 야단이 나 있다. 나의 발꿈치는 일어서 있고, 나의 발가락들은 네 의중을 헤아리기 위해 귀를 쫑긋 세웠다. 춤추는 자는 그의 귀를 발가락에 달고 있는 것이다! -「차라투스트라는 이렇게 말했다」

264

나의 길을
춤추듯 간다

우리가 우리 안의 아이다움을 되찾는 순간, 우리의 춤도 함께 되살아난다. 우리가 스스로의 감정을 직시하고 몸의 느낌들을 온전히 나의 것으로 알아보고 따르는 순간, 우리 삶도 춤을 추기 시작하는 것이다.

어떤 자가 자신의 길을 가는지 알고자 한다면 그의 걸음걸이를 보라! 그리고 내가 걷는 모습을 보라! 자신의 목표에 가까이 다가가는 자일수록 춤을 추는 법이다. ─「차라투스트라는 이렇게 말했다」

그렇게 진짜 자신과 직접 대화하는 횟수가 거듭될수록, 언제부터인지 모르지만 서서히 자기 삶이 춤추기 시작한다는 것을 느끼게 된다.

자신의 감정과 느낌을 리듬으로 하여 일과 사람들을 향해, 자신이 발산하고자 하는 욕구들을 한 템포, 한 템포씩 거침없이 내딛는 것이다. 한 템포, 한 템포, 자신의 리듬에 모든 것을 맞추다 보면, 하나둘 대면하는 모든 것에 젖어들기 시작한다. 나를 괴롭히던 일, 머리 아픈 일들은 오간 데 없고, 눈앞에 놓인 일들을 놀이를 하듯 즐기고 또 즐긴다. 흠뻑 빠져든다. 매 순간이 몰입이고 매 순간이 몰입의 즐거움이다.

놀면 노는 것에 몰입하고, 일을 하면 일에 몰입한다. 사람들을 만나면 사람들에게 몰입하고, 즐겁게 어울리는 데 몰입한다. 일상의 작은 일을 대할 때면 손끝 하나하나의 떨림에 몰입하고, 드넓은 들판에 서면 자연의 경이로움에 빠져든다. 보이는 것에 온전히 빠져들고, 손에 닿는 것에 모두 젖어든다. 하루하루가 몰입이고, 매일매일 시간이 어떻게 갔는지도 모르게 지나가고, 그렇게 지나간 시간은 풍요로운 기억으로 채워진다.

불안해하고 회피하기보다 삶의 도전에는 언제나 위험과 스릴이 존재한다는 사실을 받아들이게 되고, 기꺼이 그 스릴과 모험을 맛보고자 한다. 어쩌면 이것이야말로 온몸으로 추는 춤이 가지고 있는 진정한 춤의 마력일 것이다. 그 역동적 춤은 그만큼 자신을, 자신의 몸이 가진 반응을 믿고 신뢰하기 때문에 가능한 것이다.

로저스 역시 "충분히 자기 자신을 삶의 큰 흐름에 내맡기는 것이다. 아주 흥미로운 것은 개인이 내적으로 자유로울 때, 건강한 삶을 이루기 위해 이런 과정을 선택한다"라고 말한다.

내 감정과 느낌을 신뢰하고 세상과 마주 대할 때, 모든 것은 새롭고 풍요로운 과정이 된다. 그 신뢰를 바탕으로 진지함과 두려움으로부터 벗어나 모든 위험과 모험에 기꺼이 뛰어드는 것이다.

너무나 많은 우연이 으스대며 나에게 왔다. 하지만 나의 의지는 더욱더 당당하게 그에게 말했다. 그러자 우연은 애걸하며 무릎을 꿇었다. ―「차라투스트라는 이렇게 말했다」

그렇다. 자신의 감정과 욕구를 보고, 거리낌 없이 그것을 행하는 것이 오히려 변화무쌍한 세상에 가장 탁월하게 대응하는 것이다. 그렇게 우리는 오직 자신의 삶을 당당히 살아가지만, 그것이 곧 세상과 역동적으로 호응하는 것이며, 때때로 세상을 움직이고 바꾸는 행위가 된다. 그렇게 자신의 길을 가는 자는 자신의 온몸을 쏟아 춤추듯 살고, 세상도 그에게 호응하며 변하게 한다.

그러므로 우리는 매 순간 자신의 욕구에 충실하게 살아가야 하며, 그럼으로써 매일매일 즐거움에 흠뻑 빠져들어야 한다. 그렇게 빠져들 때 집착과 상처도 날아가 버리고 삶은 충만함으로 가득 찬다.

그렇게 우리는 매일매일 춤추듯 살아야 한다.

춤 한 번 추지 않은 날은 아예 잃어버린 날이라 하자! 그리고 웃음 한 점 없는 진리는 모두 거짓으로 간주하자! ─「차라투스트라는 이렇게 말했다」

춤추지 않은 날은 잃어버린 날이다! 아, 그새 또다시 나의 발이 춤을 추려 안달이 나 있다.

하늘 높이 나는 자는
작아 보이게 마련이다

브란데스 Georg Brandes(1842~1927)와 하이데거를 필두로 수많은 니체 해석이 이어져 왔고 여전히 계속되고 있다. 하지만 여전히 각자의 해석일 뿐 하나의 해석이 존재하지 않는다. 이것이 니체에 대한 해석자들의 관점이고, 니체 작품의 매력이기도 하다. 심지어 니체 자신의 의도이기도 하다. 특히 『차라투스트라는 이렇게 말했다』의 경우는 그 글의 형식이나 모호성 때문에 더 넓게 열려 있는 텍스트이다. 해석하기에 따라 또 다르게 읽힐 수 있는 텍스트란 얘기다. 이 사실을 부정할 사람은 없을 것이다.

그런 의미에서 여기에 내놓은 나의 해석도 하나의 해석에 불과하다. 심리학적 측면에서 접근하고, 실제 생활 속에서 실용적으로 적용할 수 있게 해석한 책으로 읽어주면 고맙겠다.

물론 누군가는 나의 해석에 의문을 제기할 수도 있다.

니체가 그토록 열망하던 자가 고작 어린아이란 말인가? 고작 자기 자신을 보는 것만으로 어떻게 그 많은 것이 바뀔 수 있겠는가?

초인은 천진난만한 아이와 같지만, 그 어떤 위험에도 아무런 거리낌 없이 도전할 수 있는 대범한 자이다. 또한 진화에서 살아남을 만큼 갈고 닦여진 예리한 직관이 꿈틀대고 있는 존재다.

심리학자 로저스 또한 '충분히 기능하는 사람'을 아이로 비유하고 있다. 충분히 기능하는 사람은 막연한 전제가 아니라 수많은 임상경험을 통해 알게 된 실현경향성을 되찾은 사람들의 공통적 특성이다. 우리가 충분히 치유되고 스스로를 찾게 될 때 아이와 같이 된다는 얘기다. 노자나 매슬로우^{Abraham H. Maslow} 또한 그런 아이의 모습에서 자아실현한 자의 모습을 찾고 있다. 이들 모두 아이다움이야말로 가장 자유롭고 가장 자기다운 모습이며, 가장 창의적인 모습이라고 말한다.

하지만 그 무엇보다 위의 물음에 대한 가장 확실한 답은 이것이다.

"실천해보라."

실천해보면 알 수 있다. 하나둘 자신을 옭아매던 고정관념들로부터 자유로워진다는 것이 얼마나 우리의 생각을 폭넓게 만드는지를. 어린아이같이 천진난만하다는 것이 얼마나 자유롭게 즐거운 하루하루를 만들어내는지를.

점점 더 잘 알 수 있다. 하나둘 자신의 모습이 생생히 드러날 때, 얼마나 자신의 직관을 신뢰하게 되는지를. 그 직관이 얼마나 날카롭고 예리한지를. 그것은 어설픈 언어들을 넘어 타고난 힘에의 의지에서 발현되는 진화의 놀라운 산물이기 때문이다.

또한 느낄 것이다. 그동안 생활 속에서 얼마나 스스로를 외면해왔는지를. 누구의 삶을 사는지조차 모르고 눈치 보고 경쟁하는 삶이 얼마나 불안하고 가엾은 삶이었는지를.

경험하면 할수록 내가 더 잘 보이고 더 편해질 것이다. 더 선명한 나를 발견하는 것이 얼마나 유쾌한 일이고 든든한 삶인지 더 잘 느낄 수 있을 것이다.

해보지 않으면 알 수 없는 것이 이 기쁨이다. 그러므로 한 번이라도 더 실천할 일이다. 겉보기에는 별것 아닌 변화고 오히려 더 이기적으로도 보일 수 있지만, 많은 것이 변하고 뿌리째 변해버릴 것이다. 우리가 찾아 헤매던 것, 그 견고한 자존감, 견고한 자신을 목격하게 될 것이다.

물론 우리가 이 방법에 익숙해진다고 삶을 초월하거나 슬픔이나 고통으로부터 완전히 벗어나는 것은 아니다. 우리는 여전히 웃고 울고 기뻐하고 슬퍼할 것이다. 분노하고 어리석은 짓도 할 것이다. 하지만 그것은 자신이 가진 감정, 딱 그만큼만 하게 될 것이고, 곧 해소하고 다시 긍정을 되찾을 것이다. 실패 앞에서도 좌절하기보다 새로운 방법을 모색할 것이고, 낙담하기보다 불굴의 의지를 되살릴 것이다. 안주하기보다 더 나은 미래를 향해 달려갈 것이고, 거창한 삶의 목표보다 언제나 자신에게 가장 어울리는 삶을 위해 목표를 재조정할 것이다. 목표가 아니라 자신의 삶이 더 중요한 까닭이다.

　무조건 그것은 해봐야 안다. 그 모든 것은 이해하는 것이 아니라, 몸이 직접 느끼는 것이기 때문이다. 물론 그렇다고 갑자기 엄청난 부를 거머쥔다거나 막강한 권력자가 되는 것도 아니다. 그저 내가 더 좋아지고 하루하루가 더 즐거워지고 안정될 뿐이다. 그렇게 살맛 나는 삶을 더 많이 살게 되는 것뿐이다.

　그렇기에 니체가 『차라투스트라는 이렇게 말했다』에서 다음과 같이 말했던 것이다.

　"하늘 높이 나는 자는 작아 보이게 마련이다."

272

- The Complete Works of Friedrich Nietzsche, STANFORD UNIVERSITY PRESS

  1. The Birth of Tragedy/Unpublished Basel Writings(Winter 1869/70 – Fall 1873)
  2. Unfashionable Observations
  3. Human, All Too Human I
  4. Human, All Too Human II/Unpublished Fragments from the Period of Human, All Too Human II(Spring 1878 – Fall 1879)
  5. Dawn
  6. The Joyful Science/Idylls from Messina/Unpublished Fragments from the Period of The Joyful Science(Spring 1881 – Summer 1882)
  7. Thus Spoke Zarathustra
  8. Beyond Good and Evil/On the Genealogy of Morality
  9. The Case of Wagner/Twilight of the Idols/The Anti-Christian/Ecce Homo/Dionysus-Dithyrambs/Nietzsche Contra Wagner

• Friedrich Nietzsche, 『The Birth of Tragedy』, Douglas Smith(Translator), Oxford University Press, 2009

• Friedrich Nietzsche, 『Human, All Too Human : A Book for Free Spirits』, by R. J. Hollingdale(Translator), Dover Publications, 2012

• Friedrich Nietzsche, 『The Dawn of Day』, J. M. Kennedy(Translator), Dover Publications, 2007

- Friedrich Nietzsche, 『The Joyful Wisdom』, Thomas Common(Translator), CreateSpace Independent Publishing Platform, 2016
- Friedrich Nietzsche, 『Thus Spoke Zarathustra : A Book for Everyone and No One』, R. J. Hollingdale(Translator), Penguin Classics, 1961
- Friedrich Nietzsche, 『Beyond Good and Evil』, Helen Zimmern(Translator), Digireads.com Publishing, 2016
- Friedrich Nietzsche, 『On the Genealogy of Morals』, Douglas Smith (Translator), Oxford University Press, 2009
- Friedrich Nietzsche, 『Twilight of the Idols and The Anti-Christ』, Thomas Common(Translator), Digireads.com Publishing, 2018

- 프리드리히 니체, 니체 전집, 1-21권, 책세상

1권. 『언어의 기원에 관하여/ 이러한 맥락에 관한 추정/ 플라톤의 대화 연구 입문/ 플라톤 이전의 철학자들/ 아리스토텔레스 수사학 I/ 유고 (1864년 가을-1868년 봄)』, 김기선 옮김
2권. 『비극의 탄생/ 반시대적 고찰』, 이진우 옮김
3권. 『유고 (1870년-1873년)』, 이진우 옮김
4권. 『유고 (1869년 가을-1872년 가을)』, 최상욱 옮김
5권. 『유고 (1872년 여름-1874년 말)』, 이상엽 옮김
6권. 『바이로이트의 리하르트 바그너/ 유고 (1875년 초-1876년 봄)』, 최문규 옮김

7권. 『인간적인 너무나 인간적인 1』, 김기미 옮김

8권. 『인간적인 너무나 인간적인 2』, 김기미 옮김

9권. 『유고 (1876년-1877/78년 겨울)/ 유고 (1878년 봄-1879년 11월)』, 강 용수 옮김

10권. 『아침놀』, 박찬국 옮김

11권. 『유고 (1880년 초-1881년 봄)』, 최성환 옮김

12권. 『즐거운 학문/ 메시나에서의 전원시/ 유고 (1881년 봄-1882년 여 름)』, 안성찬, 홍사현 옮김

13권. 『차라투스트라는 이렇게 말했다』, 정동호 옮김

14권. 『선악의 저편/ 도덕의 계보』, 김정현 옮김

15권. 『바그너의 경우/ 우상의 황혼/ 안티크리스트/ 이 사람을 보라. 디오 니소스 송가/ 니체 대 바그너』, 백승영 옮김

16권. 『유고 (1882년 7월-1883/84년 겨울)』, 박찬국 옮김

17권. 『유고 (1884년 초-가을)』, 정동호 옮김

18권. 『유고 (1884년 가을-1885년 가을)』, 김정현 옮김

19권. 『유고 (1885년 가을-1887년 가을)』, 이진우 옮김

20권. 『유고 (1887년 가을-1888년 3월)』, 백승영 옮김

21권. 『유고 (1888년 초-1889년 1월 초)』, 백승영 옮김

• 프리드리히 니체, 니체 전집, 1-10권, 청하출판사

1권. 『비극의 탄생/ 바그너의 경우/ 니체 대 바그너』, 김대경 옮김

2권. 『반시대적 고찰』, 임수길 옮김

3권. 『인간적인 너무나 인간적인』, 한기찬 옮김

4권. 『서광』, 이필렬, 임수길 옮김

5권. 『즐거운 지식』, 권영숙 옮김

6권. 『짜라투스트라는 이렇게 말했다』, 최승자 옮김

7권. 『선악을 넘어서』, 김훈 옮김

8권. 『도덕의 계보/ 이 사람을 보라』, 김태현 옮김

9권. 『우상의 황혼/ 반 그리스도』, 송무 옮김

10권. 『권력에의 의지』, 강수남 옮김

• 강세형, 『나는 아직, 어른이 되려면 멀었다』, 김영사, 2010
• 고병권, 『니체의 위험한 책, 차라투스트라는 이렇게 말했다』, 그린비, 2003
• 고병권, 『다이너마이트 니체』, 천년의상상, 2016
• 기오 브란데스, 『니체 : 귀족적 급진주의』, 김성균 옮김, 까만양, 2014
• 김상환 외, 『니체가 뒤흔든 철학 100년』, 민음사, 2000
• 김정현, 『철학과 마음의 치유 : 니체 심층심리학 철학상담치료』, 책세상, 2013
• 너새니얼 브랜든, 『자존감의 여섯 기둥 : 어떻게 나를 사랑할 것인가』, 김세진 옮김, 교양인, 2015
• 니코스 카잔차키스, 『그리스인 조르바』, 이윤기 옮김, 열린책들, 2009

- 데이브 먼스 외, 『인간중심 상담의 임상적 적용』, 주은선 옮김, 학지사, 2012
- 레지날드 J. 홀링데일, 『니체 : 그의 삶과 철학』, 김기복, 이원진 옮김, 북캠퍼스, 2018
- 루이 코르망, 『깊이의 심리학자 니체』, 김용권 옮김, 어문학사, 1996
- 뤼디거 슈미트 외, 『짜라투스트라는 이렇게 말했다(쉽게 읽는 니이체)』, 김미기 옮김, 이학사, 1999
- 마르코 라울란트, 『뇌과학으로 풀어보는 감정의 비밀』, 전옥례 옮김, 동아일보사, 2008
- 문지현, 『정신과 의사에게 배우는 자존감 대화법』, 사람과나무사이, 2017
- 박문호, 『그림으로 읽는 뇌과학의 모든 것』, 휴머니스트, 2013
- 박성희, 『인간관계의 필요충분조건 : 진정성·수용·공감』, 학지사, 2014
- 박찬국, 『그대 자신이 되어라』, 부북스, 2016
- 박찬국, 『초인수업 : 나를 넘어 나를 만나다』, 21세기북스, 2014
- 백승영, 『니체, 디오니소스적 긍정의 철학』, 책세상, 2005
- 발타자르 토마스, 『우울한 날엔 니체』, 김부용 옮김, 자음과모음, 2018
- 브라이언 손, 『칼 로저스 : 인간중심치료의 창시자』, 이영희, 박외숙, 고향자 옮김, 학지사, 2007
- 빅터 프랭클, 『빅터 프랭클의 죽음의 수용소에서』, 이시형 옮김, 청아출판사, 2017

- 앤 와이저 코넬, 『포커싱의 힘 : 내면의 느낌을 통한 자기치유의 실제적 안내서』, 인기민 옮김, 하나의학사, 2013
- 양해림, 『니체와 그리스 비극』, 한국문화사, 2017
- 연문희 외, 『인간중심상담 : 이론과 사례 실제』, 학지사, 2008
- 유진 T. 젠들린, 『상처받은 내 마음의 소리를 듣는 심리 치유 : 포커싱』, 김성준 옮김, 팬덤북스, 2017
- 윤홍균, 『자존감 수업』, 심플라이프, 2016
- 이지영, 『정서 조절 코칭북 : 내 감정의 주인이 되어라』, 시그마프레스, 2012
- 이진우 외, 『인생교과서 니체 : 너의 운명을 사랑하라』, 21세기북스, 2016
- 이진우, 『니체의 인생 강의 : 낙타, 사자, 어린아이로 사는 변신의 삶』, 휴머니스트, 2015
- 자크 로제, 『니체 신드롬』, 이혜은 옮김, 이끌리오, 2000
- 주은선, 『포커싱 체험심리치료 : 내 마음의 지혜와 선물』, 학지사, 2011
- 질 들뢰즈, 『들뢰즈의 니체』, 박찬국 옮김, 철학과현실사, 2007
- 최상욱, 『차라투스트라는 이렇게 말했다 메타포로 읽기』, 서광사, 2015
- 칼 로저스, 『진정한 사람되기 : 칼 로저스 상담의 원리와 실제』, 주은선 옮김, 학지사, 2009
- 칼 로저스, 『카운슬링의 이론과 실제』, 한승호 외 옮김, 학지사, 1998
- 칼 로저스, 『칼 로저스의 사람 중심 상담』, 오제은 옮김, 학지사, 2007

- 타라 브랙, 『받아들임 : 지금 이 순간 있는 그대로 : 자책과 후회없이 나를 사랑하는 법』, 김선주, 김정호 옮김, 불광출판사, 2012
- 토니 험프리스, 『자존감 심리학 : 있는 그대로 살아도 괜찮아』, 이한기 옮김, 다산초당, 2017
- 프리드리히 니체, 『짜라두짜는 이렇게 말했다』, 박성현 옮김, 심볼리쿠스, 2012
- 프리드리히 니체, 『차라투스트라는 이렇게 말했다』, 두행숙 옮김, 부북스, 2016
- 프리드리히 니체, 『차라투스트라는 이렇게 말했다』, 박진환 옮김, 신원문화사, 2005
- 프리드리히 니체, 『차라투스트라는 이렇게 말했다』, 홍성광 옮김, 웅진씽크빅, 2009